Guia de conversação do árabe

Samer Abboud
Mahmoud Fathi El-Kastawy

SÃO PAULO 2014

Esta obra foi publicada originalmente em inglês com o título
CHAMBERS ARABIC PHRASEBOOK
por Chambers Harrap Publishers Limited
Copyright © 2007 Chambers Harrap Publishers
Copyright © 2014, Editora WMF Martins Fontes Ltda.,
São Paulo, para a presente edição.

1ª edição 2014

Tradução *Eurides Avance de Souza*
Revisão da tradução *Safa Jubran*
Acompanhamento editorial *Luzia Aparecida dos Santos*
Revisões gráficas *Marisa Rosa Teixeira, Letícia Braun*
Edição de arte e capa *Katia Harumi Terasaka*
Produção gráfica *Geraldo Alves*
Paginação *Moacir Katsumi Matsusaki*

Dados Internacionais de Catalogação na Publicação (CIP)
(Câmara Brasileira do Livro, SP, Brasil)

Abboud, Samer
 Guia de conversação do árabe / Samer Abboud, Mohmoud Fathi El-Kastawy ; [tradução Eurides Avance de Souza]. – 1. ed. – São Paulo : Editora WMF Martins Fontes, 2014. (Coleção Guia de conversação)

 Título original: Chambers Arabic Phrasebook
 ISBN 978-85-7827-882-3

 1. Árabe – Vocabulários e manuais de conversação 2. Conversação I. El-Kastawy, Mohmoud Fathi. II. Título. IV. Série.

14-06970	CDD-492.78

Índices para catálogo sistemático:
1. Guia de conversação : Árabe : Linguística   492.78
2. Árabe : Guia de conversação : Linguística   492.78

Todos os direitos desta edição reservados à
Editora WMF Martins Fontes Ltda.
Rua Prof. Laerte Ramos de Carvalho, 133 01325.030 São Paulo SP Brasil
Tel. (11) 3293.8150 Fax (11) 3101.1042
e-mail: info@wmfmartinsfontes.com.br http://www.wmfmartinsfontes.com.br

ÍNDICE

Introdução	4
Pronúncia e alfabeto	5
Conversa do dia a dia	9
Conhecendo pessoas	19
Viajando	31
Hospedagem	44
Comendo e bebendo	52
Comida e bebida	61
Passeando	68
Atrações turísticas	77
Esportes e jogos	83
Compras	90
Fotografias	100
Bancos	104
Agências de correio	107
Cybercafés* e *e-mail	110
Telefonando	113
Saúde	119
Problemas e emergências	128
Hora e data	134
Números	143
Dicionário português-árabe	145
Gramática	176
Feriados e festas	184
Endereços úteis	187
Tabelas de conversão	189

INTRODUÇÃO

Este novíssimo guia de conversação português-árabe é ideal para aqueles que desejam testar suas habilidades na língua estrangeira durante uma viagem ao exterior. As informações são apresentadas de forma prática e clara, com o intuito de ajudar a superar as barreiras da língua e promover a interação com as pessoas do local.

Cada uma das seções traz uma lista de palavras úteis e uma seleção de frases comuns. Você lerá ou ouvirá algumas delas, ao passo que outras irão ajudá-lo a se expressar. O sistema de transcrição fonética, especialmente adaptado para falantes do português, assegura que você será sempre compreendido.

O guia inclui, ainda, um minidicionário bilíngue com cerca de 2.000 palavras, de forma que os usuários mais aventureiros poderão, com base nas estruturas fundamentais, partir para conversas mais complexas.

São fornecidas também informações concisas sobre a cultura e os costumes locais, juntamente com dicas práticas para economizar tempo. Afinal de contas, você está de férias, ou seja, momento de relaxar e aproveitar! Há, ainda, um glossário de comidas e bebidas para ajudá-lo a decifrar os cardápios, e para garantir que você não perca algumas das especialidades nacionais ou regionais.

Lembre-se de que qualquer esforço que você fizer será valorizado. Portanto, não se intimide! Experimente!

ABREVIATURAS USADAS NESTE GUIA

adj	adjetivo	*subst*	substantivo
adv	advérbio	*pl*	plural
f	feminino	*sing*	singular
m	masculino	*v*	verbo

PRONÚNCIA

Alfabeto

Diferentemente do português, o árabe é escrito da direita para a esquerda, portanto fique atento ao ler placas ou tentar decifrar as letras de uma palavra ou frase específica. Cada uma das letras do alfabeto árabe tem uma forma básica, mas tal forma é modificada de acordo com a posição que a letra ocupa dentro da palavra: início, meio ou fim, ou se aparecer de modo isolado. Um certo número de letras compartilha a mesma forma, de modo que essas letras são distinguidas unicamente por sinais (acentos) acima delas (conhecidos como diacríticos).

O quadro abaixo mostra a forma de cada letra nas seguintes situações: isolada, inserida no início, no meio ou no fim da palavra.

isolada	início	meio	fim	transliteração
ا	ا	ا	ا	a/aa
ب	بـ	ـبـ	ـب	B
ت	تـ	ـتـ	ـت	T
ث	ثـ	ـثـ	ـث	Th
ج	جـ	ـجـ	ـج	J
ح	حـ	ـحـ	ـح	H
خ	خـ	ـخـ	ـخ	Kh
د	د	ـد	ـد	D
ذ	ذ	ـذ	ـذ	Dh
ر	ر	ـر	ـر	R
ز	ز	ـز	ـز	Z
س	سـ	ـسـ	ـس	S
ش	شـ	ـشـ	ـش	ch
ص	صـ	ـصـ	ـص	S
ض	ضـ	ـضـ	ـض	D
ط	ط	ـط	ـط	T
ظ	ظ	ـظ	ـظ	Z
ع	عـ	ـعـ	ـع	A

غ	ـغـ	غـ	غ	Gh
ف	ـف	ـفـ	فـ	F
ق	ـق	ـقـ	قـ	q
ك	ـك	ـكـ	كـ	K
ل	ـل	ـلـ	لـ	L
م	ـم	ـمـ	م	M
ن	ـن	ـنـ	نـ	n
ه	ـه	ـهـ	هـ	H
و	ـو	ـو	و	w/uu
ي	ـي	ـيـ	يـ	y/ii
ء	ء	ء	ء	'

Pronúncia

Neste guia, cada frase em árabe é seguida da pronúncia em português, indicada em itálico. Se você seguir a transcrição fonética, será capaz de se fazer entender em árabe. Observe que, quando a tradução é diferente por se referir a uma forma masculina ou feminina (por exemplo, se você estiver falando com um homem ou com uma mulher), isso é mostrado na transcrição, sendo que a forma masculina virá em primeiro lugar e a feminina em segundo, separada por barra, por exemplo:

como vai você!
كيف حالك!
kay-fa Haa-lak/kay-fa Haa-lik!

Segue abaixo a forma de pronúncia das letras árabes:

letra	nome da letra	transcrição	pronúncia
ا	*alif*	a	como em c**a**rro
ب	*ba*	b	como em **b**anana
ت	*ta*	t	como em **t**ape**t**e
ث	*tha*	th	como no inglês **th**ree[1]
ج	*jim*	j	como em **j**ardim
ح	*Ha*	H	similar ao *h* aspirado como no inglês **h**ot, mas pronunciado

---

1. As letras ث e ذ, cujas pronúncias indicamos com exemplos do inglês (*three* e *the*), tendo em vista não haver em português o som interdental, devem ter sua pronúncia diferenciada, pois, enquanto ث é uma consoante surda (não faz vibrar as cordas vocais), ذ é uma consoante sonora (faz vibrar as cordas vocais).

			no fundo da garganta com uma certa fricção
خ	kha	kh	similar ao "jota" espanhol como em **J**osé, ou ao 'ch' do alemão, como em i**ch**
د	dal	d	como em **d**ar
ذ	dhal	dh	como no inglês **th**e
ر	ra	r	pronunciado com a língua enrolada, como no inglês **r**ound
ز	zay	z	como em **z**ebra
س	sin	s	como em **s**uper[2]
ش	chin	ch	como em **ch**oque
ص	saad	S	similar ao **só** em **s**o**m**ente[3]
ض	daad	D	similar ao **dó** em **d**ose
ط	ta	T	similar ao **tó** em pale**tó**
ظ	za	Z	similar ao **za** em ba**z**ar
ع	ayn	A	*ayn* é provavelmente um dos sons mais difíceis de pronunciar; tente comprimir os músculos da laringe de forma que o fluxo de ar, ao passar pela garganta, seja parcialmente sufocado, enquanto se diz algo parecido com a letra *a*
غ	ghayn	gh	espécie de *r* gutural, parecido com o *r* francês, pronunciado no fundo da garganta
ف	fa	f	como em **f**aca
ك	kaf	k	como em **qui**lo
ق	qaf	q	similar ao *k* mas pronunciado no fundo da garganta
ل	lam	l	como em **l**eve
م	mim	m	como em **m**aior
ن	nuun	n	como em **n**oite
ه	ha	h	aspirado como no inglês **h**ome
و	waw	u	como em **u**va e pa**u**ta

---

2. Mesmo entre vogais o s preserva seu som de s; não adquire som de z.
3. Repare que as letras *D, S, T* e *Z*, utilizadas na transcrição fonética, são semelhantes a *d, s, t* e *z*, porém mais fortes, deixando as vogais vizinhas mais arredondadas e mais abertas.

ي	ya	i	como em est**i**lo e no**i**te
ء	hamza	'	o *hamza* é similar à parada glotal, como o som que antecede a tosse

Em árabe, as vogais curtas (**a**, **i**, **u**) não são representadas por letras do alfabeto, mas escritas acima ou abaixo da consoante. Entretanto, o som das vogais curtas aparecerá na transcrição da palavra e será representado por uma das letras (*a*, *i*, *u*). A pronúncia das vogais longas será indicada por meio de sua duplicação (*aa*, *ii*, *uu*). As vogais são pronunciadas como a seguir:

Vogais curtas

a	como em c**a**sa
i	como em r**i**co
u	como em ch**u**va

Vogais longas

aa	como em c**a**sa, porém mais longo
ii	como em **i**tem
uu	como em **ú**ltimo

Ditongos

ay	como em pap**ai**
aw	como em cac**au**

OBS.:

I – Em árabe, a sílaba tônica sempre recai na vogal longa. Se, porém, a vogal longa não for a vogal que fecha a palavra e não existirem vogais longas, as palavras árabes são em sua maioria proparoxítonas.

II – A hifenização, adotada na transcrição, tem o objetivo de facilitar a pronúncia, separando as sílabas.

III – Quando uma consoante estiver duplicada, como por exemplo *bb*, *ll*, isso indica que ela deve ser pronunciada de modo mais reforçado.

As traduções árabes presentes neste guia são pautadas no árabe clássico (literário), que é a língua árabe padrão. No entanto, cada país árabe tem o seu próprio dialeto, que é usado nas conversas do dia a dia e só existe na forma falada. Todo falante árabe será capaz de entender o que você está dizendo a ele e de conversar com você no árabe clássico. Mas não deixe que isso o impeça de aprender palavras no dialeto local!

CONVERSA DO DIA A DIA

Tanto homens quanto mulheres se cumprimentam com aperto de mãos e beijinhos (às vezes dois, às vezes três). Entretanto, isso não é algo esperado de um visitante estrangeiro nem é necessariamente bem-vindo. Ao ser apresentado a alguém do mesmo sexo, é educado dar um aperto de mãos e dizer um simples "prazer em conhecê-lo(a)" (fur-Sa sa-Aii-da). Ao ser apresentado a alguém do sexo oposto, você pode gentilmente colocar a mão no peito em sinal de respeito. Isso evita o contato físico com a outra pessoa caso ela não queira ser tocada. Não leve isso para o lado pessoal, já que tal atitude pode ser motivada por razões íntimas, sociais ou religiosas. A melhor coisa a fazer é seguir o que a pessoa a quem se está sendo apresentado fizer. Em contextos mais formais, como hotéis e restaurantes, você poderá cumprimentar as pessoas dizendo mar-Ha-ba (olá), que é ligeiramente mais formal e apropriado do que ah-lan (oi), que é o modo como você cumprimentaria amigos ou conhecidos. À noite é mais comum despedir-se de alguém dizendo ma-Aa al-sa-laa-ma (adeus) do que tiS-bah Aa-la khayr (boa noite), embora as duas formas sejam apropriadas.

O básico

boa noite	مساء الخير	ma-saa' al-khayr
boa noite (ao se despedir)	تصبح على خير	tiS-baH Aa-la khayr
boa tarde	نهارك سعيد	na-haa-rak sa-Aiid
bom dia	صباح الخير	Sa-baaH al-khayr
com licença	لو سمحت	law sa-maHt
desculpe	معذرة	maA-dhi-ra
não	لا	la
obrigado(a)	شكراً	chuk-ran
oi	أهلاً	ah-lan
oi/tchau	سلام	sa-laam
olá	مرحبا	mar-Ha-ba
por favor	من فضلك	min faD-lak

prazer em conhecê-lo(a)	فرصة سعيدة fur-Sa sa-Aii-da
sim	نعم na-Aam
tchau, adeus	مع السلامة ma-Aa al-sa-laa-ma
tudo bem, o.k.	حسناً Ha-sa-nan

Expressando-se

eu gostaria ...
أنا أريد ...
ana u-riid ...

nós gostaríamos ...
نحن نريد ...
naH-nuu nu-riid ...

você quer ...?
هل تريد/تريدي ...؟
hal tu-riid/hal tu-rii-dii ...?

você tem ...?
هل لديك ...؟
hal la-day-ka/hal la-day-ki ...?

tem um ...?
هل يوجد هنا ...؟
hal yuu-jad hu-na ...?

tem alguns ...?
هل يوجد هنا ...؟
hal yuu-jad hu-na ...?

como?
كيف؟
kay-fa?

por quê?
لماذا؟
li-maa-dha?

quando?
متى؟
ma-ta?

o quê?
ماذا؟
maa-dha?

onde fica/ficam ...?
أين ...؟
ay-na ...?

quanto custa isto?
كم يكلف هذا؟
kam yu-kal-lif ha-dha?

o que é isto?
ما هى؟
maa hi-ya?

você fala inglês?
هل تتحدث إنجليزي؟
hal ta-ta-Had-dath in-glii-zii?

onde ficam os toaletes, por favor?
أين الحمّام من فضلك؟
ay-na al-Ham-mam, min faD-lak?

como vai?
كيف حالك؟
kay-fa Haa-lak/kay-fa Haa-lik?

bem, obrigado(a)
بخير. شكراً
bi-khayr. chuk-ran

muito obrigado(a)
شكرا جزيلاً
chuk-ran ja-zii-lan

não, obrigado(a)
لا. شكراً
la. chuk-ran

sim, por favor
نعم. من فضلك
na-Aam, min faD-lak

CONVERSA DO DIA A DIA

de nada
عفواً
Aaf-wan

até mais tarde
أراك لاحقاً
araa-ka laa-Hi-qan/araa-ki laa-Hi-qan

sinto muito
أنا آسف
ana aa-sif/ana aa-si-fa

Compreendendo

انتبه	atenção!
لا ...	não .../proibido ...
دخول	entrada
خروج	saída
مجاناً	livre
ممنوع توقيف السيارات	proibido estacionar
ممنوع التدخين	proibido fumar
مفتوح	aberto
معطل	fora de serviço/de funcionamento
محجوز	reservado
حمّام	sanitários, toaletes

السلام عليكم
as-salamu Aalay-kum
= cumprimento que significa "a paz esteja contigo"

وعليكم السلام
wa Aalay-kum as-salam
= resposta à forma acima, significando "e contigo esteja a paz"

يوجد ...
yuu-jad ...
tem ...

مرحباً
mar-Ha-ba
olá

هل تمانع إذا ...؟
hal tu-maa-niA idha …?
você se importaria de …?

لحظة من فضلك
laH-Za, min faD-lak
um momento, por favor

تفضل بالجلوس
faD-Dal bil-ju-luus
sente-se, por favor

PROBLEMAS NA COMPREENSÃO DO ÁRABE

Expressando-se

desculpe-me! como disse?
معذرة! ماذا قلت؟
maA-dhi-ra! maa-dha qult?

o quê?
ماذا؟
maa-dha?

poderia repetir, por favor?
ممكن تقول ذلك مرة ثانية من فضلك؟
mum-kin ta-quul dha-lik mar-ra thaa-nu-ya, min faD-lak?

poderia falar mais devagar?
ممكن تتكلم ببطء أكثر؟
mum-kin tit-kal-lim bi-buT' ak-thar?

não estou entendendo
لا أفهم ذلك
la af-ham dha-lik

entendo um pouco de árabe
أفهم قليلا من اللغة العربية
af-ham qa-lii-lan min al-lu-gha al-Aa-ra-biy-ya

CONVERSA
DO DIA A DIA

consigo entender árabe, mas não consigo falar
أفهم اللغة العربية ولكن لا أتحدثها
af-ham al-lu-gha al-Aa-ra-biy-ya wa-laa-kin la ata-Had-dath-ha

falo um pouquinho de árabe com muita dificuldade
أتحدث اللغة العربية بصعوبة
ata-Had-dath al-lu-gha al-Aa-ra-biy-ya bi-Su-Auu-ba

você fala inglês?
هل تتحدث إنجليزي؟
hal ta-ta-Had-dath in-glii-zii?

como se diz ... em árabe?
كيف تقول ... باللغة العربية؟
kay-fa ta-quul ... bil-lu-gha al-Aa-ra-biy-ya?

como se escreve?
كيف يمكن تهجئتها؟
kay-fa yum-kin tah-ji'a-taha?

como se diz isso em árabe?
كيف تسمي هذا باللغة العربية؟
kay-fa tu-sam-mii ha-dha bil-lu-gha al-Aa-ra-biy-ya?

poderia anotar para mim?
هل ممكن أن تكتبها لي؟
hal mum-kin an tak-tub-ha lii?

Compreendendo

هل تفهم اللغة العربية؟
hal taf-ham al-lu-gha al-Aa-ra-biy-ya?
você entende árabe?

سأكتبها لك
sa ak-tub-ha la-ka/sa ak-tub-ha la-kii
vou escrever para você

إنها تعني ...
in-na-ha taA-nii ...
isto significa ...

هي عبارة عن ...
hi-ya Ai-baa-ra Aan ...
é um tipo de ...

FALANDO SOBRE A LÍNGUA

Expressando-se

aprendi algumas palavras do meu guia de conversação
تعلمت بعض الكلمات من كتيب المصطلحات
ta-Aal-lamt baAD al-kali-maat min ku-tay-yib al-muuS-Ta-la-Haat

só consigo me virar um pouco
أنا أعرف فقط الضروري منها
ana aA-rif fa-qaT al-Da-ruu-rii min-ha

mal conheço duas palavras
أنا أعرف بالكاد كلمتين
ana aA-rif bil-kaad ka-li-ma-tayn

acho o árabe uma língua difícil
أنا أجد صعوبة في فهم اللغة العربية
ana a-jid Su-Auu-ba fii fahm al-lu-gha al-Aa-ra-biy-ya

sei só o básico, nada além disso
أنا أعرف فقط الأساسيات، لا أكثر
ana aA-rif fa-qaT al-asaa-siy-yaat, la ak-thar

as pessoas falam rápido demais para mim
الناس يتحدثون معي بسرعة كبيرة
al-naas ya-ta-Had-da-thuun ma-Aii bi-sur-Aa ka-bii-ra

Compreendendo

أنت تتكلم بلكنة صحيحة
an-ta ta-ta-kal-lam bi-lak-na Sa-Hii-Ha
a sua pronúncia é boa

إنك تتكلم اللغة العربية بشكل سليم
in-na-ka ta-ta-kal-lam al-lugh-a al-Aa-ra-biy-ya bi-chakl sa-liim
você fala árabe muito bem

FAZENDO PERGUNTAS SOBRE O CAMINHO

Expressando-se

desculpe, pode me dizer onde fica o(a) …, por favor?
لو سمحت. أين أجد …؟
law sa-maHt. ay-na a-jid …?

qual é o caminho para …?
أين الطريق إلى …؟
ay-na Ta-riiq ila …

poderia me dizer como chego a …?
ممكن تدلني كيف أصل إلى …؟
mum-kin ta-dul-la-nii kay-fa aSil ila …?

há um(a) … aqui perto?
هل يوجد … بالقرب من هنا؟
hal yuu-jad … bil-qurb min hu-na?

poderia me mostrar no mapa?
ممكن تبين لي ذلك على الخريطة؟
mum-kin tu-bay-yin lii dha-lik Aa-la al-kha-rii-Ta?

há algum mapa da cidade em algum lugar?
هل يوجد خريطة للمدينة؟
hal yuu-jad kha-rii-Ta lil-ma-dii-na?

é longe?
هل هي بعيدة؟
hal hi-ya ba-Aii-da?

quanto é o táxi?
كم أجرة التاكسي؟
kam uj-rat al-tak-sii?

estou procurando …
أنا أبحث عن …
ana ab-Hath Aan …

estou perdido
أنا تائه
ana ta-'ih

Compreendendo

اتبع
it-baA
siga

اصعد
iS-Ad
suba

استمر
is-ta-mirr
continue seguindo

شمال
chi-maal
esquerda

يمين
ya-miin
direita

إلى الأمام
ila al-amaam
sempre em frente

استدر
is-ta-dir
vire

هل أتيت ماشيا؟
hal atay-ta maa-chi-yan?
você está a pé?

إنها تبعد خمس دقائق بالسيارة
in-na-ha tab-Aud khams da-qaa-'iq bil-say-ya-ra
fica a uns cinco minutos de carro

إنها الأولى/الثانية/الثالثة على اليسار
in-na-ha al-'uu-la/al-thaa-ni-ya/al-thaa-li-tha Aa-la al-chi-maal
é a primeira/segunda/terceira à esquerda

استدر يمينا عند الدوّار
is-ta-dir ya-mii-nan Ain-da al-duw-waar
vire à direita na rotatória

CONVERSA DO DIA A DIA

استدر يسارًا عند البنك
is-ta-dir chi-maa-lan Ain-da al-bank
vire à esquerda no banco

الزم المخرج القادم
il-zam al-makh-raj al-qaa-dim
pegue a próxima saída

ليست بعيدة
lay-sat ba-Aii-da
não é longe

إنها قريبة جدًا من هنا
in-na-ha qa-rii-ba jid-dan min hu-na
é logo dobrando a esquina

CONHECENDO PESSOAS

Os egípcios são famosos em todo o mundo árabe por serem afáveis e bem-humorados. As conversas, mesmo as de natureza formal, terão início com perguntas sobre a saúde dos interlocutores e dos familiares antes de abordarem os negócios. Em conversas informais, há várias respostas prontas que variam de acordo com o gênero e o número de pessoas envolvidas. Você poderá ouvir várias respostas ao perguntar *kay-fa Haa-lak* (como vai?), dentre elas *al-Hamdulil-laah*, *ana ku-way-yis* e *bi-khayr* (todas significando "vou bem").

Os assuntos das conversas evidentemente diferem de um país para outro, mas não tenha receio de perguntar às pessoas que conhecer coisas sobre a cidade ou o país que você está visitando. Afinal, a maioria das pessoas é simpática e gosta de comentar suas experiências com os turistas.

O básico

amar	يُحب	*yu-Hibb*
bacana	لطيف	*la-Tiif*
barato	رخيص	*ra-khiiS*
bem	ممتاز	*mum-taaz*
bom	جيد	*jayy-yid*
bonito	جميل	*ja-miil*
caro	غالي	*ghaa-lii*
chato	مُمل	*mu-mill*
genial	عظيم	*Aa-Ziim*
gostar	يحب	*yu-Hibb*
interessante	مشوّق	*mu-chaw-wiq*
mau	سيّئ	*say-yi'*
odiar	يكره	*yak-rah*
razoável	ليس سيّئ	*lay-sa say-yi'*

APRESENTANDO-SE E DESCOBRINDO INFORMAÇÕES SOBRE AS OUTRAS PESSOAS

Expressando-se

meu nome é ...
إسمي ...
is-mii ...

qual é o seu nome?
ما إسمك؟
maa is-mak/maa is-mik?

como vai?
كيف حالك؟
kay-fa Haa-lak/kay-fa Haa-lik?

prazer em conhecê-lo(a)!
فرصة سعيدة!
fur-Sa sa-Aii-da!

este é o meu marido
هذا زوجى
ha-dha zaw-jii

esta é minha companheira
هذه رفيقتى
ha-dhi-hi ra-fii-qa-tii

sou brasileiro(a)
برازيلية/أنا برازيلي
ana ba-ra-zii-lii/ba-ra-zii-liy-ya

somos do Brasil
نحن من البرازيل
naH-nuu min al-ba-ra-ziil

sou do(a) ...
أنا من ...
ana min ...

de onde você é?
من أين أنت؟
min ay-na an-ta/min ay-na an-ti?

quantos anos tem?
كم عمرك؟
kam Aum-rak/kam Aum-rik?

tenho 22 anos
عمري اثنان وعشرون عام
Aum-rii ith-naan wa Aich-ruun Aaam

o que faz da vida?
ماذا تعمل؟
maa-dha taA-mal?

é estudante?
هل انتَ طالب/أنتِ طالبة؟
hal anta Taa-lib?/hal an-ti Taa-liba?

eu trabalho
أنا أعمل
ana aA-mal

estudo direito
أنا أدرس القانون
ana ad-rus al-qaa-nuun

sou professor
أنا مُدرِّس
ana mudar-ris

fico em casa com as crianças
أنا أجلس في البيت لرعاية الأطفال
ana aj-lis fii al-bayt li-riAaa-yat al-aT-faal

trabalho meio período
أنا أعمل بعض الوقت
ana aA-mal baAD al-waqt

trabalho com *marketing*
أنا أعمل في التسويق
ana aA-mal fii al-tas-wiiq

CONHECENDO PESSOAS

sou aposentado
أنا متقاعد
ana mu-ta-qaa-Aid

sou autônomo
أنا أعمل لحسابي الخاص
ana aA-mal li-Hi-saa-bii al-khaaS

tenho dois filhos
لدي طفلان
la-day-ya Tif-laan

não temos filhos
ليس لدينا أطفال
lay-sa la-day-na aT-faal

dois meninos e uma menina
ولدان وبنت
wa-la-daan wa bint

um menino de cinco e uma menina de dois
ولد عمره خمس سنوات وبنت عمرها سنتين
walad Aum-ru khams sa-na-waat wa bint Aum-raha sa-na-tayn

já esteve no Brasil?
هل سبق لك السفر إلى البرازيل؟
hal sa-baq la-ka al-sa-far ila al-ba-ra-ziil?/hal sa-baq la-kii al-sa-far ila al-ba-ra-ziil?

Compreendendo

هل أنت برازيلي/برازيلية؟
hal an-ta ba-ra-zii-lii/hal an-ti ba-ra-zii-liy-ya?
você é brasileiro(a)?

أنا أعرف البرازيل جيداً
ana aA-rif al-ba-ra-ziil jay-yidan
conheço bem o Brasil

نحن أيضاً في أجازة هنا
naH-nuu ay-Dan fii ajaa-za hu-na
também estamos de férias aqui

أود زيارة البرازيل
awad-du zi-yaa-rat al-ba-ra-ziil
eu adoraria visitar o Brasil

FALANDO SOBRE SUA ESTADIA

Expressando-se

estou aqui a trabalho
أنا هنا في مهمة عمل
ana hu-na fii mu-him-mat Aa-mal

estamos de férias
نحنُ في أجازة
naH-nuu fii ajaa-za

cheguei há três dias
وصلتُ منذ ثلاثة أيام
wa-Sal-tu mundh tha-laa-that ay-yaam

estamos aqui há uma semana
نحن هنا منذ أسبوع
naH-nuu hu-na mundh us-buuA

só estou aqui há uma semana
أنا هنا لمدة أسبوع
ana hu-na li-mud-dat us-buuA

só estamos de passagem
نحن نزور المكان فقط ولا نقيم هنا
naH-nuu nazuur al-ma-kaan fa-qaT wala nu-qiim hu-na

esta é a nossa primeira vez no Egito
هذه أول مرة نزور فيها مصر
ha-dhi-hi aw-wal mar-ra nazuur fii-ha miSr

viemos comemorar nosso aniversário de casamento
نحن هنا لنحتفل بعيد زواجنا
naH-nuu hu-na li-naH-ta-fil bi-Aiid za-waaj-na

estamos em lua de mel
نحن في شهر العسل
naH-nuu fii chahr al-Aasal

estamos aqui com uns amigos
نحن هنا مع بعض الأصدقاء
naH-nuu hu-na maAa baAD al-aS-diqaa'

estamos fazendo uma viagem de turismo
نحن نقوم بجولة
naH-nuu na-quum bi-jaw-la

conseguimos pegar um voo barato
حصلنا على رحلة طيران رخيصة
HaSal-na Aa-la riH-lat Taya-raan ra-khii-Sa

estamos pensando em comprar uma casa aqui
نحن نفكر في شراء منزل هنا
naH-nuu nu-fak-kir fii chi-raa' man-zil hu-na

Compreendendo

استمتع بإقامتك!
is-tam-tiA bi-iqaa-ma-tak/is-tam-tiAii bi-iqaa-ma-tik!
aproveite sua estadia!

إستمتع/إستمتعي بباقي أجازتك!
is-tam-tiA/is-tam-tiAii bi-baa-qii ajaz-tak!
aproveite o resto de suas férias!

هل هذه أول زيارة لك إلى الاقصر؟
hal ha-dhi-hi aw-wal zi-ya-ra lak ila al-uq-Sur?
esta é sua primeira vez em Luxor?

كم ستمكث؟
kam sa-tam-kuth?
quanto tempo vai ficar?

هل تحب الإقامة هنا؟
hal tu-Hib al-iqaa-ma hu-na?
está gostando daqui?

هل سبق لك/لك زيارة ...؟
hal sa-ba-qa la-ka/la-kii zi-yaa-rat ...?
já esteve em ...?

MANTENDO CONTATO

Expressando-se

deveríamos manter contato
يجب أن نبقى على إتصال
ya-jib ann nab-qaa Aa-la it-tiSaal

vou lhe dar meu e-mail
سوف أعطيك عنوان بريدى الألكترونى
saw-fa aA-Tii-ka/aA-Tii-kii Aun-waan ba-rii-dii al-elek-truu-nii

aqui está meu endereço, caso algum dia vá ao Brasil
هذا عنوانى اذا أتيت لزيارة البرازيل
ha-dha Aun-waa-nii idha atay-ta/atay-tii li-zi-yaa-rat al-ba-ra-ziil

Compreendendo

ممكن تعطينى عنوانك؟
mum-kin taA-Ti-ni Aun-waa-nak?
quer me dar seu endereço?

هل عندك بريد ألكترونى؟
hal Ain-dak ba-riid elek-truu-nii?
você tem e-mail?

مرحبا بك فى أى وقت لتأتى وتقيم معنا هنا
mar-Ha-ban bi-ka fii ay waqt li-ta'-tii wa tu-qiim maAa-na hu-na
você será sempre bem-vindo para vir ficar conosco

EXPRESSANDO SUA OPINIÃO

Algumas expressões informais
كان هذا مملاً kaa-na ha-dha mu-mil-lan estava chato
أنا تعبان ana taA-baan estou cansado

CONHECENDO PESSOAS

Expressando-se

realmente gosto ...
... أنا فعلاً أريدُ
ana fiA-lan u-riid ...

realmente gostei ...
... أنا فعلاً أردتُ
ana fiA-lan arad-tu ...

não gosto ...
... أنا لا أحبُ
ana laa u-Hibb ...

não gostei ...
... أنا لم أحبُ
ana lam u-Hibb ...

gosto/amo
... أنا أحب
ana u-Hibb ...

gostei/amei
... أنا أحببت
ana aH-bab-tu ...

eu gostaria ...
... أنا أود
ana awad-du ...

eu teria gostado ...
... كنت أتمنى
kun-tu ataman-na ...

acho isto ...
... إنّها
in-na-ha ...

é adorável
إنّها رائعة
in-na-ha raa-'iAa

achei isto ...
... لقد كانت
la-qad kaa-nat ...

foi adorável
لقد كانت رائعة
la-qad kaa-nat raa-'iAa

concordo
أنا أوافق
ana u-waa-fiq

não concordo
أنا لا أوافق
ana laa u-waa-fiq

não sei
لا أدري
laa ad-rii

não me importo
ليس لدي مانع
lay-sa la-day-ya maa-niA

isto não está me soando bem
لا أحبّ هذا بتاتاً
laa u-Hibb ha-dha ba-taa-tan

isto está parecendo interessante
يبدوا مثيراً
yab-duu ha-dha muthii-ran

isto realmente me chateia
هذا يزعجني جدا
ha-dha yuz-Aij-nii jid-dan

estava chato
كان ذلك مملاً
kaa-na dha-li-ka mu-mil-lan

é um roubo (muito caro)
هذه نصب
ha-dha naSb

fica muito cheio à noite
هذا المكان يكون مزدحماً في الليل
ha-dha al-ma-kaan ya-kuun muz-daHim jid-dan fii al-layl

está muito cheio
هذا المكان مزدحم جداً
ha-dha al-ma-kaan muz-daHim jid-dan

CONHECENDO PESSOAS

é muito calmo
هذا المكان هادئ جداً
ha-dha al-ma-kaan haa-di' jid-dan

realmente me diverti muito
لقد استمتعتُ حقاً
la-qad is-tam-taA-tu Haq-qan

passamos um tempo maravilhoso
قضينا وقتاً رائعاً
qa-Day-na waq-tan raa-'iAan

estava mesmo um astral muito bom
كان المكان جميلاً حقاً
kaa-na al-ma-kaan ja-mii-lan Haq-qan

conhecemos umas pessoas legais
قابلنا بعض الناس اللطفاء
qaa-bal-na baAD al-naas al-luTa-faa'

achamos um hotel ótimo
وجدنا فندقاً ممتازاً
wajad-na fun-duq mum-taaz

Compreendendo

هل تُحبُ ...؟
hal tu-Hib ...?/hal tu-Hib-bi ...?
você gosta de ...?

هل استمتعت بوقتك؟
hal is-tam-tAt bi-waq-tak?/hal is-tam-taA-ti bi-waq-tik?
vocês se divertiram?

يجب أن تذهب إلى ...
ya-jib ann tadh-hab ila ...
você deveria ir para ...

أنا أُرَشِّح ...
ana u-rach-chiH ...
eu sugiro ...

إنها منطقة رائعة
in-na-ha man-Ti-qa raa-'iAh
é uma região muito agradável

ليس هناك الكثير من السيّاح
lay-sa hu-naa-ka al-ka-thiir min al-suy-yaaH
não há muitos turistas

لاتذهب أثناء العطلة الأسبوعية لتجنب الازدحام الشديد
la-tadh-hab ath-na' al-AuT-la al-us-buu-Aiy-ya li-ta-jan-nub al-iz-di-Haam al-cha-diid
não vá no fim de semana, para evitar o congestionamento

هذا السعر مُغالى فيه بعض الشّيىء
ha-dha al-siAr mu-gha-la fiih baAD ach-chay'
está um pouco hipervalorizado

FALANDO SOBRE O TEMPO

> **Algumas expressões informais**
> الجو حر ij-jaw Harr está escaldante!
> الجو برد ij-jaw bard está congelando!
> الجو فيه شبورة ij-jaw fiih chab-buura tem neblina
> انا حران/حرانة ana Har-raan estou derretendo (estou com muito calor)
> انا سقعان/سقعانة ana sa-qAaan /a estou congelando

Expressando-se

qual é a previsão do tempo para amanhã?
ما هي توقعات الارصاد لطقس الغد؟
maa hi-ya ta-waq-quAaat al-ar-Saad li-Taqs al-ghadd?

o tempo vai ser agradável
سيكون الطقس لطيف
sa-ya-kuun al-Taqs la-Tiif

o tempo não será agradável
لن يكون الطقسُ لطيف
lan ya-kuun al-Taqs la-Tiif

está muito quente
الطقس حار جداً
al-Taqs Haar jid-dan

esfria à noite
يكون الطقسُ بارد في الليل
ya-kuun al-Taqs baa-rid fii al-layl

o tempo estava lindo
كان الطقسُ رائع
kaa-na al-Taqs raa-'iA

choveu algumas vezes
لقد أمطرت عدة مرات
la-qad am-Ta-rat Aid-dat mar-raat

houve uma tempestade
كان هناك عاصفة رعدية
kaa-na hu-naa-ka Aaa-Si-fa raA-diy-ya

o tempo estava ótimo a semana toda
كان الطقسُ جميل طيلة الأسبوع
kaa-na al-Taqs ja-miil Tii-lat al-us-buuA

está muito úmido aqui
إن الجوَ به رطوبة عالية هنا
in-na al-jaw bi-hi ru-Tuu-ba Aaa-liy-ya hu-na

Compreendendo

من المتوقع أن تُمطر
min al-mu-ta-waq-qaA an tum-Tir
a previsão é de chuva

توقعات الأرصاد تشير بأن الطقسَ سيكون جيد بقية الأسبوع
ta-waq-quAaat al-ir-Saad tu-chiir bi-an-na al-Taqs sa-ya-kuun jay-yid ba-qiy-yat al-us-buuA
a previsão é de tempo bom para o resto da semana

سيكون الطقسُ حار غداً
sa-ya-kuun al-Taqs Haar gha-dan
amanhã vai esquentar de novo

VIAJANDO

O básico

aeroporto	مطار ma-Taar
alugar	يستأجر yas-ta'-jir
avião	طائرة Taa-'i-ra
bagagem	حقائب Ha-qaa-'ib
balsa	عبّارة Aab-baa-ra
barco	مركب mar-kib
carro	سيّارة say-ya-ra
cartão de embarque	بطاقة صعود الطائرة bi-Taa-qat Su-Auud al-Taa-'i-ra
check-in	دخول du-khuul
embarque	الصعود الى الطّائرة al-Su-Auud ila al-Taa'-i-ra
estação ferroviária	محطة سكة حديد ma-HaT-Tat sik-ka Ha-diid
estrada	طريق Ta-riiq
fazer check-in	تسجيل الدخول tas-jiil al-du-khuul
guarda-volumes (seção)	(مكتب) الحقائب المتروكة (mak-tab) al-Ha-qaa-'ib al-mat-ruu-ka
guia de ruas	خريطة الشوارع kha-rii-Tat al-cha-waa-riA
mapa	خريطة kha-rii-Ta
ônibus	حافلة Haa-fi-la
ônibus circular (shuttle)	أتوبيس المطار utu-biis al-ma-Taar
ônibus de viagem	اوتوبيس utu-biis
passagem (só de ida)	ذهاب dhi-haab
passagem de ida e volta	تذكرة ذهاب وأياب tadh-ka-ra dhu-haab wa 'ii-yaab
passaporte	جواز سفر ja-waaz sa-far
plataforma	رصيف ra-Siif
ponto de ônibus	موقف حافلة maw-qaf Haa-fi-la
portão de embarque	بوّابة baw-waa-ba
reservar	يحجز yaH-jiz
rodovia	طريق سريع Ta-riiq sa-riiA
rua	شارع chaa-riA
táxi	تاكسي tak-sii
terminal	محطّة ma-HaT-Ta

terminal de ônibus, rodoviária محطة حافلة ma-HaT-Tat Haa-fi-la
voo رحلة riH-la

Expressando-se

onde posso comprar passagens?
أين مكتب شراء التّذاكر؟
ay-na mak-tab chi-raa' al-ta-dhaa-kir?

uma passagem para ..., por favor
تذكرة إلى ... من فضلك
tadh-ka-ra ila ... min faD-lak

eu gostaria de reservar uma passagem
أريد حجز تذكرة
u-riid Hajz tadh-ka-ra

quanto custa uma passagem para ...?
كم ثمن تذكرة إلى ...؟
kam tha-man tadh-ka-ra ila ...?

tem algum desconto para estudantes?
هل يوجد تذاكر مخفضة للطلبة؟
hal yuu-jad ta-dhaa-kir mu-khaf-fa-Da lil-Ta-la-ba?

poderia me dar uma tabela de horários, por favor?
أريد جدول مواعيد السفر، من فضلك؟
u-riid jad-wal ma-wa-Aiid al-sa-far, min faD-lak?

tem algum mais cedo/tarde?
هل يوجد موعد قبل/بعد هذا؟
hal yuu-jad maw-Aid qabl/baAd ha-dha?

quanto tempo dura a viagem?
كم تستغرق الرحلة؟
kam tas-tagh-riq al-riH-la?

este assento está livre?
هل هذا المقعد خالي؟
hal ha-dha al-maq-Aad khaa-lii?

desculpe, tem alguém sentado aí
أنا آسف، هذاالمقعد غير خالٍ
ana aa-sif/aa-si-fa ha-dha al-maq-Aad ghayr khaa-lii

Compreendendo

وصول	chegadas
ملغي	cancelado
رحلات غير مباشرة	conexões
مغادرة	partidas
دخول	entrada
منوع الدخول	entrada proibida
استعلامات	informações
متأخّر	atrasado
خروج	saída
حمّام	sanitários, toaletes
رجال	(*sanitário*) masculino
سيّدات	(*sanitário*) feminino
تذاكر	passagens

لا يوجد أماكن شاغرة
aa yuu-jad amaa-kin chaa-ghi-ra
está tudo reservado

DE AVIÃO

Verifique sempre a necessidade de visto na embaixada do país que você vai visitar. Alguns países como o Egito permitem que visitantes estrangeiros de determinados países tirem o visto após a chegada ao aeroporto, mas outros o exigem com antecedência.

A maioria das companhias aéreas opera mais voos no verão, especialmente para estâncias turísticas, como Sharm El-Sheikh, Luxor e Hurghada no Egito.

Expressando-se

onde é o *check-in* da ...?
أين فحص تذاكر السفر على الخطوط الجوّية ...؟
ay-na faHS ta-dhaa-kir al-sa-far Ala al-khuTuuT al-jaw-wiy-ya ...?

tenho um bilhete eletrônico
معي تذكرة الكترونية
maAii tadh-ka-ra elek-tru-niy-ya

uma mala (*a despachar*) e uma mala de mão
شنطة كبيرة وحقيبة يد
chan-Ta ka-bii-ra wa Ha-qii-bat yadd

a que horas embarcamos?
متى نصعد الطائرة؟
ma-ta naS-Aad al-Taa-'i-ra?

gostaria de confirmar meu voo da volta
أريد تأكيد موعد رحلة العودة
u-riid ta'-kiid muw-Aid riH-lat al-Aaw-da

está faltando uma de minhas malas
فقدت حقيبة كبيرة
fa-qad-tu Ha-qii-ba ka-bii-ra

minha bagagem não chegou
لم تصل حقائبي بعد
lam ta-Sil Ha-qaa-ibii baAd

o voo estava duas horas atrasado
تأخرت الطائرة ساعتين
ta-'akh-kha-rat al-Taa-'i-ra saa-Aa-tayn

perdi a conexão
فاتني موعد رحلة الربط
faa-ta-nii maw-Aid riH-lat al-rabT

esqueci algo no avião
تركت شيئا بالطائرة
ta-rak-tu chay-'an bil-Taa-'i-ra

gostaria de informar o extravio de minha bagagem
أريد الإبلاغ عن فقد حقائبي
u-riid al-ib-laagh An faqd Ha-qaa-ibii

Compreendendo

استرداد الحقائب	entrega de bagagens
تسجيل الدخول	*check-in*
جمارك	alfândega
صالة المغادرة	sala de embarque
رحلات داخلية	voos domésticos
معفى من الجمارك	*free shop*
بضائع عليها جمارك	bens a declarar
صعود للطائرة فوري	embarque imediato
بضائع ليس عليها جمارك	nada a declarar
فحص الجوازات	controle de passaportes

من فضلك انتظر في صالة المغادرة
min faD-lak, in-ta-Zir fii Saa-lat al-mu-ghaa-da-ra
por favor, aguarde na sala de embarque

هل تريد مقعد بجانب النّافذة أو على الممر؟
hal tu-riid maq-Aad bi-ja-nib al-na-fi-dha aw Aa-la al-ma-marr?
prefere um lugar na janela ou no corredor?

يجب عليك أن تغيّر الرحلة في ...
ya-jib Aa-lay-ka an tu-ghay-yir al-riH-la fii ...
você terá de fazer conexão em ...

كم حقيبة معك؟
kam Ha-qii-ba ma-Aak?
quantas malas você tem?

هل حزمت حقائبك بنفسك؟
hal Ha-zam-ta/Ha-zam-ti Ha-qaa-ibak bi-naf-sak/bi-naf-sik?
foi você mesmo quem fez suas malas?

هل أعطاك أحد شيئاً لتأخذه/ لتأخذيه معك على الطائرة؟
hal aA-Taa-ka /aA-taa-ki aHad chay' li-ta'-khu-dhu /li-ta'-khu-dhiih ma-Aak Aa-la al-Taa-'i-ra?
alguém lhe deu alguma coisa para trazer no voo?

حقائبك فيها خمسة كيلو وزن زائد
Ha-qaa-ibak fii-ha kham-sa kii-luu wazn zaa-'id
sua mala está cinco quilos acima do peso

VIAJANDO

هذا هو كارت صعود الطائرة
ha-dha hu-wa kart Su-Auud al-Taa-'i-ra
aqui está seu cartão de embarque

يبدأ صعود الطائرة الساعة ...
yab-da' Su-Auud al-Taa-'i-ra al-saa-Aa ...
o embarque terá início às ...

من فضلك تقدم نحو بوابة رقم ...
min faD-lak, ta-qad-dam naH-wa baw-waa-ba ra-qam ...
por favor, dirija-se ao portão número ...

هذا هو آخر نداء للركاب المغادرين الى ...
ha-dha hu-wa aa-khir ni-daa' lil-ruk-kaab al-mu-ghaa-diriin ila ...
esta é a última chamada para ...

يمكن أن تتصل بهذا الرقم للتأكد من وصول حقائبك
yum-kin an tat-ta-Sil bi-ha-dha al-ra-qam lil-ta'k-kud min wu-Suul Ha-qaa-'i-bak
você pode ligar para este número para saber se sua bagagem chegou

DE ÔNIBUS, TÁXI, TREM

Os ônibus são muito seguros e limpos, ainda que não sejam o meio de transporte mais rápido. As passagens podem ser adquiridas no próprio ônibus; também é possível adquirir talões de passagens com antecedência.

Outro meio de transporte popular, adequado para viagens curtas, é o micro-ônibus, que pega as pessoas na beira da calçada e segue itinerários fixos; você simplesmente pede para descer quando chega a seu destino. Certifique-se sempre de que o motorista está indo na direção para a qual você quer ir! Após encontrar um lugar para se sentar no micro-ônibus, você passa o dinheiro para o motorista.

Os táxis também são bastante comuns; você pode pedir que o taxista venha buscá-lo, mas isso fica significativamente mais caro do que pegar um táxi na rua. Você pode pegar um táxi em qualquer local; eles têm sempre a plaquinha de "táxi" no teto e a cor de suas placas geralmente é diferente da de outros veículos. Se o táxi não tiver taxímetro, você deverá combinar um preço com o motorista antes da viagem.

Se for viajar por longas distâncias dentro de um país, ou mesmo de um país para outro, um dos meios mais rápidos e baratos é o carro. Próximo aos terminais de ônibus é comum encontrar táxis que fazem percursos específicos, por exemplo, do Cairo até Alexandria. Em geral, o taxista aguarda até o táxi ficar cheio para então partir. Caso você não se sinta confortável sendo espremido num veículo junto com outras quatro ou cinco pessoas, poderá pagar uma taxa extra para o taxista para que ele deixe livre o assento ao seu lado. Se você estiver num pequeno grupo, poderá negociar o preço.

Viajar de trem no Egito é barato, seguro e fácil, e há belas paisagens para apreciar do conforto de seu vagão, particularmente nas rotas do Cairo para Alexandria ou Aswan.

Expressando-se

a que horas é o próximo trem para …?
ما هو موعد القطار القادم …؟
maa hu-wa maw-Aid al-qi-Taar al-qaa-dim …?

a que horas é o último trem?
ما هو موعد اخر قطار؟
maa hu-wa maw-Aid aa-khir qi-Taar?

qual é a plataforma para …?
أين الرصيف المتجه الى …؟
ay-na al-ra-Siif al-mut-ta-jih ila …?

onde posso pegar um ônibus para …?
أين آخذ الحافلة المتجهة إلى …؟
ay-na aa-khudh alHaa-fi-la al-mut-ta-ji-ha ila …?

é este o ponto para …?
هل هذه محطة الانتظار للذهاب الى …؟
hal ha-dhi-hi ma-HaT-Tat al-in-ti-Zaar lil-dhi-haab ila …?

é daqui que parte o ônibus (*de viagem*) para …?
هل هذا موقف إنتظار الحافلات المتجهة إلى …؟
hal ha-dha muw-qif in-ti-Zaar al-Ha-fi-laat al-mut-ta-ji-ha ila …?

poderia me dizer quando tenho que descer?
هل ممكن أن تخبرني متى أنزل؟
hal mum-kin an tukh-bir-nii ma-taa an-zil?

perdi o trem/ônibus
فاتني القطار/فاتتني الحافلة
faa-ta-nii al-qi-Taar/faa-tat-nii al-Haa-fi-la

Compreendendo

إلى القطارات	para os trens
مكتب التذاكر	bilheteria
تذاكر للسفر اليوم	passagens para viajar hoje
أسبوعى	semanal
شهرى	mensal
حجز اليوم	para o dia
حجوزات	reservas

هناك محطّة تبعد قليلا باتجاه اليمين
hu-naa-ka ma-HaT-Ta tab-Aud qalii-lan bit-tijah al-ya-miin
tem um ponto um pouco mais à frente, à direita

يجب عليك أن تغير الرحلة في محطة ...
ya-jib Aa-lay-ka ann tu-ghay-yir al-riH-la fii ma-HaT-Tat ...
você terá que fazer baldeação em ...

تحتاج أن تستقل حافلة رقم ...
taH-taaj ann tas-ta-qill Haa-fi-la ra-qam ...
você tem que pegar o ônibus número ...

هذا القطار يتوقف في ...
ha-dha al-qi-Taar ya-ta-waq-qaf fii ...
este trem para em ...

بعد محطتين من هنا
baAd ma-HaT-Ta-tayn min hu-na
dois pontos daqui

DE CARRO

ⓘ

Você conseguirá encontrar a maioria das empresas internacionais de aluguel de veículos em todo o mundo árabe. A mão de direção é a mesma que a nossa, a direita.

A malha viária no Egito é bem estruturada para viagens, e poucas estradas (praticamente nenhuma) têm pedágio. Os motoristas são bastante solícitos, de forma que, se você se perder, não tenha vergonha de pedir ajuda ou perguntar a direção.

Na maioria das estradas e rodovias do Egito os limites de velocidade são indicados e rigidamente aplicados.

Expressando-se

onde posso encontrar um posto de gasolina?
أين أجد إستراحة لخدمة المسافرين؟
ay-na a-jid is-ti-raa-Ha li-khid-mat al-mu-saa-firiin?

gasolina sem chumbo, por favor
بنزين خالي من الرصاص من فضلك
ban-ziin khaa-lii min al-ra-SaaS, min faD-lak

quanto custa o litro?
كم ثمن اللتر؟
kam tha-man al-litr?

ficamos parados em um congestionamento
تعطلنا بسبب إزدحام المرور
ta-AaT-Tal-na bi-sa-bab iz-di-Haam al-mu-ruur

há algum estacionamento aqui perto?
هل يوجد ميكانيكي لإصلاح السيّارات بالقرب من هنا؟
hal yuu-jad mi-kaa-nii-ki li-iS-laaH al-say-ya-raat bil-qurb min hu-na?

poderia nos ajudar a empurrar o carro?
ممكن تساعدنا لندفع السيارة؟
mum-kin ti-saa-Aidna li-nad-faA al-say-ya-ra?

VIAJANDO

a bateria acabou
البطارية فارغة تماما
al-baT-Taa-riy-ya faa-righa ta-maa-man

tive um problema mecânico
تعطلت سيّارتي
ta-AaT-Ta-lat say-ya-ra-tii

ficamos sem gasolina
نفذ الوقود
na-fi-dha al-wa-quud

estou com um pneu furado e o estepe está murcho
أحد الإطارات به ثقب والإحتياطي فارغ
aHad al-'iTaa-raat bi-hi thuqb wal al-iHti-yaa-Tii faa-righ

acabamos de sofrer um acidente
تعرضنا لحادث
taAar-raD-na li-Haa-dith

perdi a chave do carro
فقدتُ مفاتيح سيارتي
fa-qad-tu mafaa-tiiH say-ya-ra-tii

quanto tempo vai demorar para consertar?
كم يستغرق إصلاحها؟
kam yas-tagh-riq iS-laa-Huha?

◆ Alugando um carro

eu gostaria de alugar um carro por uma semana
أريد استئجار سيّارة لمدة أسبوع
u-riid is-ti'-jaar say-ya-ra li-mud-dat us-buuA

um carro automático
سيّارة أوتوماتيك
say-ya-ra autu-ma-tik

tenho que devolver o carro com o tanque cheio?
هل يجب عليّ ملء الخزّان بالبنزين عند إعادة السيّارة؟
hal ya-jib Aa-lay-ya mal' al-khaz-zaan bil-ban-ziin Ain-da i-Aaa-dat al-say-ya-ra?

eu gostaria de fazer um seguro total
أريد تأمين شامل
u-riid ta'-miin chaa-mil

◆ Tomando um táxi

tem algum ponto de táxi aqui perto?
هل يوجد موقف تاكسي بالقرب من هنا؟
hal yuu-jad maw-qif tak-sii bil qurb min hu-na?

eu gostaria de ir para …
أريد الذهاب إلى …
u-riid al-dha-haab ila …

eu gostaria de reservar um táxi para as 8h da noite
أريد حجز تاكسي للساعة الثامنة مساءاً
u-riid Hajz tak-sii lil-saa-Aa al-thaa-mi-na ma-saa-an

pode me deixar aqui, obrigado(a)
ممكن أنزل هنا. شكراً
mum-kin an-zil hu-na, chuk-ran

quanto vai custar a corrida até o aeroporto?
كم أجرة الذهاب إلى المطار؟
kam uj-rat al-dha-haab ila al-ma-Taar?

◆ Pegando carona

estou indo para …
أريد الذهاب الى …
u-riid al-dha-haab ila…

poderia me deixar aqui?
ممكن أنزل هنا؟
mum-kin an-zil hu-na?

poderia me levar até …?
ممكن توصلني الى …؟
mum-kin tu-waS-Sil-nii ila …?

obrigado(a) pela carona
شكراً على التوصيلة
chuk-ran Aa-la al-taw-Sii-la

VIAJANDO

nós pegamos uma carona
حصلنا على توصيلة مجانية
Ha-Sal-na Aa-la taw-Sii-la maj-jaa-niy-ya

Compreendendo

اتجاهات أخرى	outras direções
لا يوجد أماكن	lotado (*estacionamento*)
يوجد أماكن	vagas (*estacionamento*)
احتفظ بالتذكرة	guarde o seu tíquete
تأجير سيّارات	aluguel de automóveis
مكان توقيف السيارات	estacionamento
خفض السرعة	devagar
ممنوع توقيف السيارات	proibido estacionar
كل الأتّجاهات	todas as direções
توقيف السيارات بالأجر مكان	parquímetro
التزم بالحارة	mantenha-se na faixa

أريد الإطّلاع على رخصة القيادة ، إثبات الشخصيّة ، مايثبت العنوان وبطاقة الإئتمان
uu-riid al-iT-Ti-laaA Aa-la rukh-Sat al-qi-yaa-da, ith-baat al-chakh-Siy-ya, ma-yuth-bit al-Aun-waan wa-bi-Taa-qat al-'i-ti-man
vou precisar de sua carteira de motorista, alguma outra identidade, comprovante de endereço e cartão de crédito

يجب دفع مائة وخمسون جنيه قيمة التأمين
ya-jib dafA mi-'a wa kham-suun ji-niih qii-mat al-ta'-miin
é preciso pagar um depósito de 150 libras

حسنا. تفضل بالدخول. سأوصلك الى ...
Ha-sa-nan, ta-faD-Dal bid-du-khuul, sa-u-waS-Si-lak ila …
certo, entre, levo-o(a) até …

DE BARCO

ⓘ

Os passeios pelo Nilo, sejam num navio de cruzeiro com hospedagem, refeições e entretenimento incluídos, sejam numa feluca – tradicional barco à vela –, são um modo muito popular de ver o Egito. Também há numerosos passeios de um dia, que oferecem atividades como a pesca no mar Vermelho ou a visita a ilhas da costa egípcia.

Expressando-se

de quanto tempo é a travessia?
كم يستغرق زمن العبور؟
kam yas-tagh-riq za-man al-Au-buur?

estou com enjoo
أشعر بدوار البحر
ach-Aur bi-du-waar al-baHr

Compreendendo

بدون سيّارات للمسافرين فقط	somente para passageiros a pé
موعد العبور التالي هو ...	próxima travessia às …

HOSPEDAGEM

Os hotéis do mundo árabe variam em termos de tamanho, serviço e preço. Tendo em vista a importância da indústria do turismo em países como o Egito e os Emirados Árabes Unidos, você encontrará acomodação compatível com seu orçamento de modo relativamente fácil. Os hotéis egípcios são classificados com o sistema de estrelas, de 1 a 5.

Muitos pacotes de férias ou hotéis podem ser reservados com antecedência pela internet ou por uma agência de viagens. Além disso, os aeroportos possuem uma certa quantidade de agências de reservas que lhe oferecerão uma ampla opção de acomodações. Na maioria das grandes cidades você conseguirá encontrar também um centro local de informações turísticas, que poderá direcioná-lo a uma acomodação desejada.

Se tiver espírito aventureiro, você poderá procurar as regiões da cidade com alta concentração de hotéis. A vantagem dessas regiões é que elas geralmente se encontram bem no coração da cidade e oferecem preços razoáveis. Os preços devem estar afixados na recepção. Tome sempre o cuidado de ver antes o seu quarto para se certificar de que ele corresponde às suas expectativas.

As acomodações sem refeição são outra opção e podem significar uma ótima relação custo/benefício, principalmente se você estiver planejando passar algumas semanas na mesma cidade. O valor do aluguel de uma acomodação assim para o período de um mês às vezes é o mesmo que o de três ou quatro noites em um hotel!

A voltagem no Egito é de 220 volts, de forma que é aconselhável adquirir um adaptador antes de viajar.

O básico

acomodação sem refeições	إقامة بدون وجبات *iqaa-ma bi-duun waj-baat*
albergue da juventude	بيت الشباب *bayt al-cha-baab*
alugar	يستأجر *yas-ta'-jir*

aluguel	إيجار	*ii-jaar*
banheira	بانيو	*ban-yuu*
banheiro	حمام	*Ham-maam*
banheiro com chuveiro/ducha	حمام مع دش	*Ham-maam ma-Aa duch*
barraca	خيمة	*khay-ma*
bed and breakfast, pensão	مبيت وإفطار	*ma-biit wa if-Taar*
cama	سرير	*sa-riir*
cama de casal	سرير مزدوج	*sa-riir muz-da-wij*
cama de solteiro	سرير فردي	*sa-riir far-dii*
chave	مفتاح	*muf-taH*
chuveiro, ducha	دش	*duch*
flat	شقة	*chaq-qa*
hotel	فندق	*fun-duq*
locatário	مستأجر	*mus-ta'-jir*
meia pensão	نصف اقامة	*niSf iqaa-ma*
pensão completa	إقامة كاملة	*iqaa-ma kaa-mi-la*
quarto de casal	غرفة مزدوجة	*ghur-fa muz-da-wi-ja*
quarto de solteiro	غرفة لشخص	*ghur-fa li-chakhS*
quarto familiar	غرفة عائلية	*ghur-fa Aaa-'i-liy-ya*
reservar	يحجز	*yaH-jiz*
reservar com antecedência	يحجز مسبقًا	*yaH-jiz mus-ba-qan*
sanitários, toaletes	حمام	*Ham-maam*
suíte	غرفة حمام خاصة	*ghur-fat Ham-maam khaaS-Sa*
tudo incluído	شامل التكاليف	*chaa-mil al-ta-ka-liif*

Expressando-se

tenho uma reserva
لدي حجز
la-day-ya Hajz

o nome é ...
الاسم هو ...
al-ism hu-wa ...

vocês aceitam cartões de crédito?
هل يمكن الدفع ببطاقة الائتمان؟
hal yum-kin al-dafA bi-bi-Taa-qat al-i'-ti-maan?

HOSPEDAGEM

Compreendendo

أماكن شاغرة	quartos livres, disponíveis
كامل العدد	cheio
خاص	particular
استقبال	recepção
حمام	sanitários, toaletes

لو سمحت..اريد الاطلاع على جواز سفرك؟
law sa-maHt u-riid al-iT-Ti-laaA Aa-la ja-waaz sa-fa-rak?
posso ver seu passaporte, por favor?

قم بملء هذه الاستمارة؟
qum bi-mal' ha-dhi-hi al-is-ti-maa-ra?
poderia preencher este formulário?

HOTÉIS

Expressando-se

há quartos disponíveis?
هل يوجد اماكن شاغرة؟
hal yuu-jad amaa-kin chaa-ghi-ra?

quanto é a diária de um quarto de casal?
كم تكلفة الاقامة في غرفة مزدوجة في الليلة؟
kam tak-li-fat al-iqaa-ma fii ghur-fa muz-da-wi-ja fii al-lay-la?

eu gostaria de reservar um quarto de casal/um quarto de solteiro
اريد حجز غرفة مزدوجة/غرفة لشخص واحد
u-riid Hajz ghur-fa muz-da-wi-ja/ghur-fa li-chakhS waa-Hid

para três noites
لثلاث ليالي
li-tha-laath la-yaa-lii

seria possível ficar uma noite a mais?
هل يمكن الاقامة لليلة اضافية؟
hal yum-kin al-iqaa-ma li-lay-la 'iDaa-fiy-ya?

há quartos disponíveis para hoje à noite?
هل يوجد غرف شاغرة هذه الليلة؟
hal yuu-jad ghur-fa chaa-ghira ha-dhi-hi al-lay-la?

há quartos para famílias?
هل لديكم غرف عائلية؟
hal la-day-kum ghu-raf Aaa-'i-liy-ya?

seria possível colocar uma cama a mais?
هل يمكن وضع سرير اضافي؟
hal yum-kin waDA sa-riir 'iDaa-fii?

posso ver o quarto primeiro?
هل يمكن رؤية الغرفة اولا؟
hal yum-kin ru'-yat al-ghur-fa aw-wa-lan?

teria um quarto maior/mais tranquilo?
هل يوجد مكان اوسع/اكثر هدوء؟
hal yuu-jad ma-kaan aw-saA/ak-thar hu-duu'?

este está bom, fico com ele
حسنا! سآخذ هذه.
Ha-sa-nan! sa-aa-khuz ha-dhi-hi

poderia recomendar-me outros hotéis?
هل تعرف فندق آخر جيد؟
hal taA-rif fun-duq 'aa-khar jay-yid?

o café da manhã está incluído?
هل الاقامة شاملة الافطار؟
hal al-iqaa-ma chaa-mi-la al-if-Taar?

a que horas é servido o café da manhã?
ما موعد تقديم الافطار؟
ma maw-Aid taq-diim al-if-Taar?

tem elevador?
هل يوجد مصعد؟
hal yuu-jad miS-Aad?

o hotel fica perto do centro da cidade?
هل الفندق قريب من وسط المدينة؟
hal al-fun-duq qa-riib min wa-saT al-ma-dii-na?

a que horas o quarto vai ficar pronto?
متى تكون الغرفة جاهزة؟
ma-ta ta-kuun al-ghur-fa jaa-hi-za?

a chave do quarto …, por favor
اريد مفتاح الغرفة من فضلك!
u-riid muf-taH al-ghur-fa, min faD-lak!

posso ter um cobertor extra?
ممكن آخذ بطانية اضافية؟
mum-kin aa-khudh baT-Ta-niy-ya 'iDaa-fiy-ya?

o ar-condicionado não está funcionando
مكيف الهواء لا يعمل.
mu-kay-yif al-ha-wa' laa yaA-mal

Compreendendo

معذرة! كل الاماكن لدينا كاملة العدد.
maA-dhi-ra! kull al-amaa-kin la-day-na kaa-mi-lat al-Adad
sinto muito, mas estamos lotados

لا يوجد لدينا الآن سوى غرفة لشخص واحد.
la yuu-jad la-day-na al-aan si-wa ghur-fa li-chakhS waa-Hid
só temos disponível um quarto de solteiro

كم ليلة؟
kam lay-la?
para quantas noites?

لو سمحت! ما هو اسمك؟
law sa-maHt! ma hu-wa is-mak?/law sa-mati-ti! ma hu-wa is-mik?
qual é o seu nome, por favor?

التسجيل واستلام الغرف من منتصف النهار.
al-tas-jiil wa is-ti-laam al-ghu-raf min mun-ta-Saf al-na-haar
o *check-in* é a partir do meio-dia

يجب سداد الفاتورة والمغادرة قبل الساعة الحادية عشر
ya-jib sa-daad al-fa-tuu-ra wa al-mu-ghaa-da-ra qabl al-saa-Aa al-Ha-di-ya Achar
você tem de fazer o *check out* antes das 11h da manhã

الافطار بالمطعم ما بين الساعة السابعة والنصف والساعة التاسعة.
al-if-Taar bil-maT-Am ma bayn al-saa-Aa al-saa-bi-Aah wan-niSf wa al-saa-Aa al-taa-si-Aa
o café da manhā é servido no restaurante das 7h30 às 9h da manhā

هل تريد جرائد بالغرفة؟
hal tu-riid jaraa-id bil-ghur-fa?
gostaria de um jornal pela manhā?

لو سمحت! غرفتك ليست جاهزة
law sa-maHt! ghur-fa-tak lay-sat jaa-hi-za
desculpe! seu quarto ainda não está pronto

هل استخدمت البار الذي بالغرفة؟
hal is-takh-damt al-bar al-la-dhii bil ghur-fa?
você consumiu algo do frigobar?

يمكن ترك اغراضك هنا.
yum-kin tar agh-raa-Dak hu-na
pode deixar suas malas aqui

ALBERGUES DA JUVENTUDE

Expressando-se

tem vaga para duas pessoas para esta noite?
هل يوجد مكان لشخصين هذه الليلة؟
hal yuu-jad ma-kaan li-chakh-Sayn ha-dhi-hi al-lay-la?

reservamos duas camas para três noites
لدينا حجز سريرين لمدة ثلاث ليالي هنا
la-day-na Hajz sa-rii-rayn li-mud-dat tha-laath la-yaal-lii hu-na

será que eu poderia deixar minha mochila na recepção?
هل يمكن ترك حقيبة الظهر بالاستقبال؟
hal yum-kin tark Ha-qii-bat al-Zuhr bil-is-tiq-baal?

tem algum lugar em que possamos deixar nossas bicicletas?
هل يوجد مكان لترك الدراجات؟
hal yuu-jad ma-kaan li-tark al-dar-ra-jaat?

voltarei lá pelas 7h
سوف اعود لاستلامها حوالي الساعة السابعة.
saw-fa a-Auud li-is-ti-laa-mi-ha Ha-waa-lii al-saa-Aa al-saa-bi-Aa

não tem água quente
لا يوجد ماء ساخن.
la yuu-jad maa' saa-kin

a pia está entupida
حوض الغسيل مسدود.
hawD al-gha-siil mas-duud

Compreendendo

هل لديك بطاقة عضوية؟
hal la-day-ka bi-Taa-qat Aud-wiy-ya?
você tem a carteirinha de membro?

السرير مزود بالمفارش
al-sa-riir mu-zaw-wad bil-ma-faa-rich
fornecemos roupa de cama

المبيت مفتوح الساعة السادسة مساءا
al-ma-biit maf-tuuH al-saa-Aa al-saa-di-sa ma-saa-'an
o albergue reabre às 6h da tarde

HOSPEDAGEM

ACOMODAÇÃO COM COZINHA

Expressando-se

estamos procurando algo para alugar próximo à cidade
نريد استئجار مكان قريب من المدينة
nu-riid is-ti'-jaar ma-kaan qa-riib min al-ma-dii-na

onde podemos pegar/deixar as chaves?
اين يمكن استلام/تسليم المفاتيح؟
ay-na yum-kin is-tilaam/tas-liim al-ma-faa-tiiH?

a eletricidade está incluída no preço?
هل السعر شامل فاتورة الكهرباء؟
hal al-siAr chaa-mil fa-tuu-rat al-kah-ra-ba'?

tem roupa de cama e de banho?
هل اماكن الاقامة بها مفارش سرير و فوط؟
hal amaa-kin al-iqaa-ma bi-ha ma-fa-rich sa-riir wa fu-waT?

50

precisa de carro?
هل ضروري وجود سيارة؟
hal Da-ruu-rii wu-juud say-ya-ra?

tem piscina?
هل يوجد حمام سباحة؟
hal yuu-jad Ham-maam si-baa-Ha?

a acomodação é adequada para pessoas de idade?
هل مكان السكن مناسب لكبار السن؟
hal ma-kaan al-sa-kan mu-naa-sib li-ki-baar al-sinn?

onde fica o supermercado mais próximo?
اين اقرب مكان للتسوق؟
ay-na aq-rab ma-kaan lil-ta-saw-wuq?

Compreendendo

رجاء ترك المنزل نظيف ومرتب عند المغادرة
ra-jaa' tark al-man-zil na-Ziif wa mu-rat-tab Ain-da al-mu-ghaa-da-ra
favor deixar a casa limpa e arrumada quando for embora

المنزل كامل التجهيز
al-man-zil kaa-mil al-taj-hiiz
a casa é totalmente mobiliada

السعر شامل كل التكاليف.
al-siAr chaa-mil kull al-ta-ka-liif
tudo está incluído no preço

يلزم وجود سيارة للسكن في هذه المنطقة.
yal-zam wu-juud say-ya-ra lil-sa-kan fii ha-dhi-hi al-man-Ti-qa
realmente você vai precisar de um carro nessa região

COMENDO E BEBENDO 🍽

Você não terá problemas para saciar o apetite ao viajar pelo mundo árabe. Seja num restaurante luxuoso na reluzente Dubai ou numa barraca dos movimentados mercados do Cairo, você conseguirá descobrir a riqueza da culinária árabe em suas variadas formas. As refeições nos restaurantes são um pouco demoradas. Isso, porém, não se deve a uma deficiência no serviço, mas sim ao fato de que nos países árabes as pessoas fazem suas refeições com calma, enquanto conversam animadamente e sem pressa.

A não ser que você coma num restaurante de culinária internacional, dificilmente encontrará menus fixos nos padrões ocidentais, com entrada, prato principal e sobremesa. Em vez disso, o normal é pedir um certo número de entradas para serem divididas com todos da mesa. Após as entradas, será oferecido o prato principal; em seguida, sobremesa ou fruta e depois café ou chá. Não é incomum dividir a comida com outras pessoas da mesa.

No final da refeição (ou mesmo durante!) alguns estabelecimentos oferecerão jogos de cartas ou tabuleiros de gamão para entretê-lo. Não há nenhuma pressão para que você vá embora depois de ter terminado a refeição. Presume-se que você esteja bebendo algo quente e aproveitando a noite.

Se você quiser algo menos formal, poderá comprar um sanduíche de um vendedor ambulante ou num pequeno restaurante. A dieta árabe não é baseada em refeições de grandes porções, de modo que você encontrará facilmente coisas práticas para comer que o deixarão satisfeito.

Muitas pessoas do mundo árabe têm o hábito de jantar tarde da noite. Não é incomum que a noite comece às 21h e se prolongue até depois da meia-noite. A maioria dos restaurantes fica aberta para o almoço até umas 15h ou 16h e, em seguida, fecha para se preparar para os clientes da noite, que começam a chegar por volta das 19h.

Se você quiser algo diferente da comida local, poderá encontrar restaurantes do tipo *fast-food* quase em toda parte. Se desejar simplesmente tomar uma xícara de café ou chá, há um grande número de cafeterias na maioria das cidades, e muitas delas servem **chiicha** (narguilé) aos clientes. Embora a maioria dos menus contenha a discriminação de preços dos itens, se você vir um menu sem preço, não tenha medo de perguntar ao garçom. Se você faz alguma dieta especial, não se esqueça de falar com o garçom. Dar gorjeta é algo usual e esperado.

Embora o álcool geralmente não seja consumido nos restaurantes tradicionais, não é difícil encontrar restaurantes que servem bebidas alcoólicas, principalmente em áreas mais sofisticadas, hotéis estrelados e estâncias turísticas.

O básico

água	ماء *maa'*
água mineral	مياه معدنية *mi-yaah maA-da-niy-ya*
almoçar	يتناول الغذاء *ya-ta-naa-wal al-gha-dhaa'*
almoço	الغذاء *al-gha-dha'*
café	قهوة *qah-wa*
café com leite	قهوة بالحليب *qah-wa bil-Ha-liib*
café da manhã	إفطار *if-Taar*
café preto	قهوة بدون حليب *qah-wa bi-duun Ha-liib*
carta de vinhos	قائمة الخمور *qaa-'i-mat al-khu-muur*
cerveja	بيره *bii-ra*
chá	شاي *chaay*
Coca-cola®	كوكا *ku-ka*
comer	يأكل *ya'-kul*
conta	فاتورة الحساب *fa-tuu-rat al-Hi-saab*
entrada, aperitivo	مقبلات *mu-qab-bi-laat*
fazer o pedido	يطلب *yaT-lub*
garrafa	زجاجة *zu-jaa-ja*
gaseificado(a) (vinho, água)	غازي *gha-zii*
gorjeta	بقشيش *baq-chiich*
jantar (subst)	العشاء *al-Aa-chaa'*
jantar (v)	يتناول العشاء *ya-ta-naa-wal al-Aa-chaa'*
menu	قائمة الطعام *qaa-'i-mat al-Ta-Aaam*
pão	خبز *khubz*
salada	سلطة *sa-la-Ta*
sanduíche	ساندويتش *sand-wich*
sem gás (água)	غير فوار *ghayr faw-waar*
serviço	خدمة *khid-ma*

COMENDO E BEBENDO

53

sobremesa	طبق الحلو Ta-baq al-Hilu
suco de fruta	عصير فواكه Aa-siir fa-wa-kih
tomar café da manhã	يتناول الإفطار ya-ta-naa-wal al-if-Taar
vinho	خمر khamr
vinho branco	خمر أبيض khamr ab-yaD
vinho tinto	خمر أحمر khamr aH-mar

Expressando-se

vamos sair e comer alguma coisa?
هل تريد الخروج لنأكل؟
hal tu-riid al-khu-ruuj li-na'-kull?

quer sair para beber alguma coisa?
هل تريد الخروج لنشرب شيئا؟
hal tu-riid al-khu-ruuj li-nach-rab chay-'an?

poderia me recomendar um bom restaurante?
هل تعرف مطعم جيد؟
hal taA-rif maT-Aam jay-yid?

não estou com muita fome
لست جائعا جدأ
las-tu jaa-'i-Aan jid-dan

por favor! (*para chamar o garçom*)
لو سمحت!
law sa-maH-ti!

saúde!/tintim!
فى صحتك!
fii SiH-Ha-tik!

estava muito bom!
كان ذلك رائعا!
kaa-na dha-li-ka ra-'iAan!

poderia nos trazer um cinzeiro, por favor?
نريد طفاية سجائر من فضلك؟
nu-riid Taf-fa-yat sa-jaa-'ir, min faD-lak?

onde ficam os toaletes, por favor?
أين الحمام من فضلك؟
ay-na al-Ham-maam, min faD-lak?

Compreendendo

اواي تيك   comida (*para viagem*)

RESERVANDO UMA MESA

Expressando-se

eu gostaria de reservar uma mesa para amanhã à noite
أريد حجز طاولة لمساء الغد
u-riid Hajz Taa-wi-la li-ma-saa' al-ghad

para duas pessoas
لشخصين
li-chakh-Sayn

para as 8h mais ou menos
حوالي الساعة الثامنة
Ha-waa-lii al-saa-Aa al-thaa-mi-na

teria uma mesa disponível um pouco mais cedo do que isso?
هل يوجد طاولة قبل هذاالوقت؟
hal yuu-jad Taa-wi-la qabl ha-dha al-waqt?

fiz uma reserva em nome de ...
حجزت طاولة و الأسم هو ...
Ha-jaz-tu Taa-wi-la wa al-ism hu-wa ...

Compreendendo

محجوز   reservado

في اي وقت؟
fii ayy waqt?
para que horas?

كم فرد؟
kam fard?
para quantas pessoas?

ماالإسم؟
maa al-ism?
em nome de quem?

مدخنين أم غير مدخنين؟
mu-dakh-khi-niin am ghayr mu-dakh-khi-niin?
fumante ou não fumante?

هل لديك حجز؟
hal la-day-ka Hajz?
você tem reserva?

هل هذه الطاولة التي بالزاوية تناسبك؟
hal ha-dhi-hi al-Taa-wi-la al-la-tii bil-zaa-wi-ya tu-na si-buk?
essa mesa no canto está bem para vocês?

معذرة. ليس لدينا أماكن متاحة الآن!
maA-dhi-ra. lay-sa la-day-na amaa-kin mu-taa-Ha al-aan!
desculpe, mas estamos lotados no momento!

PEDINDO A COMIDA

Expressando-se

sim, gostaríamos de fazer o pedido
نعم نحن جاهزون لطلب الطعام
na-Aam. naH-nu jaa-hi-zuun li-Ta-lab al-Ta-Aam

não, poderia nos dar mais alguns minutos?
لا، نريد بعض الوقت لنختار؟
laa. nu-riid baAD al-waqt li-nakh-taar?

eu gostaria ...
أريد ...
u-riid ...

será que eu poderia ter ...?
ممكن أطلب ...
mum-kin aT-lub ...?

não sei direito o que é "falafel"
لست أعرف ما هي الفلافل
las-tu aA-rif maa hi-ya al-fa-laa-fil

vou querer isto
سوف أتناول هذا
saw-fa ata-naa-wal ha-dha

isto vem com legumes?
هل يقدم معه خضروات؟
hal yu-qad-dam maAa-hu khuD-ra-waat?

que sobremesas vocês têm?
ماهي اطباق الحلو لديكم؟
maa hi-ya aT-baaq al-Hilu la-day-kum?

água, por favor!
نريد ماء لوسمحت!
nu-riid maa', law sa-maHt!

uma garrafa de vinho tinto/branco
زجاجة خمر أحمر/أبيض
zu-jaa-jat khamr aH-mar/ab-yaD

isto é para mim
هذا لي
ha-dha lii

não foi isto que pedi, eu queria ...
هذا ليس ماطلبته أنا أريد ...
ha-dha lay-sa ma Ta-lab-tuh. ana u-riid ...

poderia nos trazer mais pão, por favor?
لو سمحت. ممكن خبز زيادة؟
law sa-maHt! mum-kin khubz zi-yaa-da?

poderia nos trazer outra jarra de água, por favor?
ممكن كوب ماء كبير من فضلك؟
mum-kin kuub maa' ka-biir, min faD-lak?

COMENDO E BEBENDO

Compreendendo

هل تريد طلب الطعام الآن؟
hal tu-riid Ta-lab al-Ta-Aam al-aan?
vocês querem pedir agora?

سأعود بعد قليل
saa-Auud baAd qa-liil
volto daqui a pouco

اسف. ليس لدينا مزيد من ...
aa-sif. lay-sa la-day-na ma-ziid min ...
desculpe, não temos mais ...

ماذا تريد أن تشرب؟
maa-dha tu-riid an tach-rab?
o que deseja para beber?

هل تريد طبق حلو أو قهوة؟
hal tu-riid Ta-baq Hilu aw qah-wa?
gostaria de pedir sobremesa ou café?

هل كان كل شئ تمام؟
hal kaan kull chay' ta-maam?
estava tudo certo?

BARES E CAFÉS

Expressando-se

eu queria ...
أريد ...
u-riid ...

uma Coca-cola®/uma Coca-cola® diet
كوكاكولا دايت
ku-ka/ku-la daiet

uma taça de vinho tinto/branco
كأس خمر أبيض/أحمر
ka's khamr ab-yaD/aH-mar

um café preto/com leite
قهوة بحليب/قهوة بدون حليب
qah-wa bi-Ha-liib/qah-wa bi-duun Ha-liib

uma xícara de chá
كوب شاي
kuub chaay

outro(a), por favor
نفس الطلب تاني لو سمحت
nafs al-Ta-lab taa-nii, law sa-maHt

Compreendendo

خالي من الكحول   sem álcool

ماذا تحب أن تأخذ؟
maa-dha tu-Hib na ta'khudh?
o que deseja?

ممكن تدفع الآن، من فضلك؟
mum-kin tid-fA al-aan, min faD-lak?
posso lhe pedir que pague agora, por favor?

A CONTA

Expressando-se

a conta, por favor!
أريد الفاتورة من فضلك!
u-riid al-fa-tuu-ra, min faD-lak!

quanto lhe devo?
كم يجب أن أدفع لك؟
kam ya-jib an ad-fA lak?

vocês aceitam cartão de crédito?
هل تقبل الدفع ببطاقة الإئتمان؟
hal taq-bal al-dafA bi-bi-Taa-qat al-'i-ti-maan?

COMENDO E BEBENDO

acho que tem um erro na conta
هناك خطأ في الفاتورة
hu-naa-ka khaTa' fi al-fa-tuu-ra

o serviço está incluído?
هل السعر شامل الخدمة؟
hal al-siAr chaa-mil al-khid-ma?

Compreendendo

هل ستدفعون الحساب معاً؟
hal sa-tad-fa-Auun al-Hi-saab ma-Aan?
vocês vão pagar tudo junto?

نعم السعر يشمل الخدمة
na-Aam. al-siAr chaa-mil al-khid-ma
sim, o serviço está incluído

COMIDA E BEBIDA

Compreendendo

نصف شوي	ao ponto
مطهو جيداً	bem passado
مسلوق	cozido em água
مقطع مكعبات	cortado em pedaços
مقطع شرائح	fatiado
سايح	derretido
محمّر	frito
مدخّن	defumado
مشوي	grelhado
مكسو بالسميط	empanado
نيء	malpassado
مملّح	salgado
مجفّف	seco
مبخّر	cozido no vapor

◆ café da manhã

زبدة	manteiga
خبز (عيش)	pão
توست	torrada
قهوة	café
مربى	geleia
عصير	suco
عسل	mel
زبادي	iogurte
فول مدمّس	favas
بيض	ovos
جبنة	queijo
زيتون	azeitonas
زيت زيتون	azeite de oliva
خضروات	legumes

◆ sanduíches

ⓘ

Os sanduíches podem ser comprados em restaurantes ou com os vendedores de rua. Eles geralmente são servidos numa embalagem de papel, de modo que se pode comê-los durante o passeio. Em geral você os encontrará em estabelecimentos chamados de *forn* (literalmente, "forno").

سمبوسك بالجبنة	pastelzinho de queijo
سمبوسك باللحمة	pastelzinho de carne
فطيرة بالخضروات	torta de legumes
فطيرة سبانخ	torta de espinafre
فطيرة بالجبنة	torta de queijo
سندويش فلافل	sanduíche de falafel

◆ entradas, saladas e sopas

ⓘ

Todos esses pratos podem ser consumidos como acompanhamento em refeições maiores ou como prato principal, dependendo do que você escolher e do tamanho da porção. Em geral eles fazem parte da lista das entradas, nos restaurantes, mas a culinária caseira muitas vezes apresenta uma combinação deles como prato principal. Muitos pratos são vegetarianos. Os legumes (*khuDra-waat*) são uma parte importante da dieta egípcia, e você os encontrará preparados de diversos modos: fritos, empanados ou não; cozidos em molho de tomate; refogados na manteiga e servidos quentes ou refogados em azeite de oliva e servidos frios.

بابا غنوج	baba-ghanuj (*pasta de berinjela grelhada*)
حمص	*homus*
باذنجان مخلل	berinjelas em conserva
سلطة زبادي	iogurte (*coalhada líquida*) com pepino
ورق عنب	charuto de folha de uva

ملوخية	tradicional sopa egípcia feita com melóquia (*um tipo de erva*)
شوربة عدس	sopa de lentilha
شوربة فراخ (دجاج)	sopa de galinha
شوربة خضار	sopa de legumes
بامية	quiabo com molho de tomate
كوسة محشية	abobrinha recheada
كرنب محشي	charuto de folha de repolho
مسقعة	mussaca
زبادي	iogurte (*coalhada líquida*)
فتوش	salada mista salpicada com pedaços de pão sírio torrado
خيار بالنعناع	salada de pepino com hortelã
تبولة	tabule
لوبية بالزيت	vagens com azeite de oliva
فول اخضر بالزبادي	favas verdes com iogurte
باذنجان مشوي	berinjela grelhada
بطاطس مشوّحة	batata *sauté*
كوسة مقلية	abobrinha frita
قرنبيط مقلي	couve-flor frita
فلافل	falafel (*bolinhos de grão-de-bico temperados*)

◆ peixe

O peixe é comumente servido grelhado, assado ou empanado. Em geral é servido sem nada, apenas com um molho de limão e azeite de oliva ou com *tahine* (uma pasta de gergelim).

يخنة سمك	cozido de peixe
طاجن سمك	peixe assado com legumes
صيادية	peixe assado com arroz
سمك طاجن بالطحينة	peixe assado com molho de *tahine*
كابوريا	caranguejo
ثعابين	enguia
سمك مقلي	peixe frito

COMIDA E BEBIDA

سمك مشوي	peixe grelhado
استاكوزا	lagosta
بوري	tainha
جمبري	camarão

◆ frango e carne de caça

> O frango e a carne de caça são elementos populares da dieta egípcia. Pombo, codorna e pato são todos muito apreciados na culinária egípcia; você verá, porém, que o frango tem se tornado mais popular e tem sido servido com mais frequência em restaurantes e nos lares.

بط بالسفرجل	pato assado com marmelo
شيش طاووق	*kebab* de frango
دجاج بالفرن	frango assado
دجاج بالحمص	frango com grão-de-bico
فتة دجاج	frango com pedaços de pão sírio torrado
دجاج محشي	frango recheado com arroz, carne moída e nozes
ديك رومي محشي	peru assado com recheio de carne e arroz

◆ carne

> As carnes de vaca e de vitela continuam sendo as mais amplamente consumidas no Egito, embora as carnes de carneiro e de cordeiro estejam gradualmente se tornando mais populares. O modo mais comum de preparo da carne é o assado ou o grelhado. A palavra *mach-wi* designa todo tipo de carne assada ou grelhada. Ela é a comida típica das festas do mundo árabe, a comida de rua, e o prato principal dos restaurantes, tendo se desenvolvido centenas de anos atrás através das kebaberias.

فخذة محشية	perna de cordeiro assada, recheada com carne moída, arroz e nozes
شيش كباب	espeto de carne em pedaços, grelhada
كفتة	cafta (*espécie de bolinho de carne moída em espeto, grelhado*)
كبة ضاني	quibe de carne de cordeiro
كبة نية	quibe cru
بالزبادي كبة	quibe cozido no caldo de coalhada
كبة بالصينية	quibe de bandeja
كفتة بالحمص	cafta com grão-de-bico
كفتة بالبامية	cafta com quiabo
موزة عجل بالبطاطس	carne de vitela com batata

◆ sobremesas e doces

ⓘ

Nos países de língua árabe o almoço e o jantar geralmente são seguidos de frutas. As sobremesas e doces listados abaixo costumam ser servidos em ocasiões especiais, para entreter convidados ou servidos com café e chá. A maioria delas pode ser encontrada em restaurantes; as duas mais populares são *baq-la-wa* e *ku-na-fa*.

فواكه	fruta
خشاف بالمشمش	damascos macerados e nozes
طبق موز بالبلح	doce de tâmaras e banana
زبادي بالعسل	iogurte com mel
مهلبية	pudim de leite
رز باللبن	pudim de arroz
بقلاوة	baklava (*doce feito com massa folhada, nozes ou amêndoas em calda*)
كنافة	doce feito com aletria, recheado com creme ou nozes
معمول	um tipo de mantecal recheado com tâmaras ou nozes
غريبة	biscoitos amanteigados
قطايف	espécie de crepe doce, recheado com creme ou nozes

بسبوسة — bolo feito com semolina e embebido em calda
بليلة — doce feito com trigo, nozes, uvas-passas, leite e açúcar
كعك — biscoitos salpicados com açúcar de confeiteiro
أم علي — doce recheado com passas e nozes, assado no leite

GLOSSÁRIO DE COMIDAS E BEBIDAS

أرنب coelho
استاكوزا lagosta
أم الخلول mexilhões frescos
أناناس abacaxi
بابا غنوج berinjela grelhada
باذنجان berinjela
بامية quiabo
برتقال laranja
برقوق ameixa
بسبوسة bolo de semolina
بصل cebola
بط pato
بطاطا batatas-doces
بطاطس batatas
بطيخ melancia
بقدونس salsinha
بقلاوة baklava (*doce feito com massa folhada e recheio de nozes ou amêndoas*)
بلح tâmaras frescas
بيض ovo
تبولة tabule
تفاح maçã
تمر tâmaras
تين figo
ثوم alho

جبنة queijo
جزر cenoura
جمبري camarão
جوزة الطيب noz-moscada
حبهان cardamomo
حليب leite
حلبة feno-grego
حمام filhote de pombo
حمص *homus*
خبز pão sírio
خس alface
خضروات legumes
خل vinagre
خوخ pêssego
خيار pepino
ديك رومي peru
دجاج frango
دقيق farinha
رز arroz
ريحان manjericão
رنجة cavala defumada
زبادي iogurte (*coalhada líquida*)
زبدة manteiga
زبيب uva-passa
زعفران açafrão
زنجبيل gengibre

زيت زيتون azeite de oliva
زيتون azeitona
سبانخ espinafre
سحلب mingau
سردين sardinhas
سفرجل marmelo
سكر açúcar
سكينة faca
سلاطة salada
سمان codorna
سمك peixe
سندوتش sanduíche
شاي chá
شبت endro
شمام melão
شوكولاتة chocolate
صنوبر pinole
طبق الحلو sobremesa
طحينة tahine (pasta de gergelim)
طماطم tomates
عدس lentilha
عسل mel
عصير suco
عنب uvas
غريبة biscoitos amanteigados
فراولة morango
فلفل أسمر pimenta-negra
فلفل أخضر pimenta-verde
فلفل أحمر pimenta vermelha
فلافل falafel (bolinhos de grão-de-bico temperados)
قرفة canela
قرنبيط couve-flor
قطايف espécie de crepe
قهوة café
كابوريا caranguejo

كراوية bebida feita com alcarávia
كرفس salsão
كرنب couve
كركدية hibisco
كزبرة coentro
كعك bolo
كمثرى pera
كمون cominho
كنافة massa de aletria recheada com creme e nozes
كوسة abobrinha
لفت nabo
لحم carne
لحم بقري carne de vaca
لحم ضاني cordeiro
لحم عجل vitela de cordeiro
لوبية خضرا vagens
لوبية ناشفة vagens secas
لوز amêndoa
ليمون limão
مربى geleia
مشمش damasco
معمول mantecal recheado com pasta de tâmaras ou nozes
مكرونة macarrão
ملوخية caldo de folhas verdes
ملح sal
ملعقة colher
منديل guardanapo
موز banana
نعناع folhas de menta
هريسة bolo de semolina com calda doce
وز ganso
ينسون anis

COMIDA E BEBIDA

PASSEANDO

A vida noturna no golfo Pérsico é agitada; nas grandes cidades não é incomum que as pessoas fiquem até altas horas em restaurantes e em locais com música ao vivo, divertindo-se até de manhã cedo. Em vários restaurantes você encontrará música ao vivo, geralmente música tradicional, o que nem sempre é informado. Nas áreas mais sofisticadas ou nos hotéis maiores do Cairo não é difícil encontrar restaurantes que ficam cheios até de manhãzinha. Há muitas boates no Cairo, a maioria localiza-se na chaa-riA al-haram (rua al-haram), mas há outras nos grandes hotéis.

Grande parte das cidades grandes tem uma variedade de festivais culturais interessantes, dependendo da estação. As informações sobre eles podem ser obtidas no centro de turismo ou no seu hotel. As pessoas do local podem também lhe sugerir eventos e atividades.

A maioria dos homens egípcios gosta de encontrar amigos fora de casa, desfrutando a noite em cafés locais, onde fumam narguilé, bebem chá ou café, jogam xadrez ou gamão, ou assistem a uma novela ou a um jogo de futebol. Geralmente nesses cafés não são servidas bebidas alcoólicas.

Há uma grande variedade de cinemas, que frequentemente exibem filmes atuais em língua inglesa com legendas em árabe. Alguns cinemas exibem também filmes árabes, de forma que, se você se sentir confiante o suficiente para assistir a um filme todo na língua local, vá a um deles! Às vezes esses filmes têm legendas em inglês, mas é prudente verificar antes.

O básico

banda	فرقة	fir-qa
bar	بار	bar
boate	نادي	naa-dii
cinema	سينما	ci-ne-ma

concerto	حفلة موسيقية *Haf-la muu-sii-qiy-ya*
festa	حفلة *Haf-la*
festival	مهرجان *mih-ra-jaan*
filme	فيلم *film*
filme dublado	فيلم مدبلج *film mu-dab-laj*
filme legendado	فيلم به شريط ترجمة *film bi-hi cha-riiT tar-ja-ma*
grupo	مجموعة *maj-muu-Aa*
ingresso	تذكرة *tadh-ka-ra*
jazz	موسيقى الجاز *muu-sii-qa al-jaaz*
música *pop*	موسيقى البوب *muu-sii-qa al-pop*
música tradicional	موسيقى شعبية *muu-sii-qa chaA-biy-ya*
musical	موسيقي *muu-sii-qi*
ópera	أوبرا *o-pe-ra*
peça de teatro	مسرحية *mas-ra-Hiy-ya*
reservar	يحجز *yaH-jiz*
rock	موسيقى الروك *muu-sii-qa al-rock*
sair *(para passear)*	يخرج *yakh-ruj*
show	عرض *AarD*
teatro	مسرح *mas-raH*

SUGESTÕES E CONVITES

Expressando-se

onde poderíamos ir?
أين نذهب؟
ay-na nadh-hab?

o que você quer fazer?
كيف تُريد أن تقضي وقتَك؟
kay-fa tu-riid an taq-Dii waq-tak?

o que vai fazer hoje à noite?
كيف ستقضي وقتك الليلة؟
kay-fa sa-taq-Dii waq-tak al-lay-la?

já tem planos?
هل لديك أيّة أفكار؟
hal la-day-ka ay-yat af-kaar?

você gostaria de …?
هل تودّ أن ...
hal tu-wad an …?

você gostaria de ir tomar um café?
هل تودّ أن نخرج لنشرب قهوة؟
hal ta-wad ann nakh-ruj li-nach-rab qah-wa?

estávamos pensando em ir a/para …
كنا نفكر في الذَّهاب إلى ...
kun-na nu-fak-kir fii al-dha-haab ila …

hoje não posso, mas quem sabe outra hora
لا أستطيع اليوم! لكن ربما في وقت آخر
la as-ta-TiiA al-yawm! la-kin rub-bama fii waqt aa-khar

não tenho certeza se posso fazer isso
لستُ متأكد أني أستطيع عمل هذا
las-tu mu-ta-'ak-kid an-nii as-ta-TiiA Aa-mal ha-dha

eu adoraria
بودّي عمل هذا
bi-wud-dii Aa-mal ha-dha

COMBINANDO UM ENCONTRO

Expressando-se

a que horas nos encontramos?
متى نتقابل؟
ma-ta na-ta-qaa-bal?

onde nos encontramos?
أين نتقابل؟
ay-na na-ta-qaa-bal?

seria possível nos encontrarmos um pouquinho mais tarde?
ممكن أن نلتقي متأخر قليلاً؟
mum-kin an nal-ta-qii mu-ta-'akh-khir qa-lii-lan?

tenho de encontrar … às nove
لديَّ موعد مع ... في التاسعة
la-day-ya maw-Aid mAa … fii al-taa-si-Aa

não sei onde fica, mas vou procurar no mapa
لستُ أعرف هذا المكان. لكن سوف أبحث عنه على الخريطة
las-tu aA-rif ha-dha al-ma-kaan, la-kin saw-fa ab-Hath Aan-hu Aa-la al-kha-rii-Ta

onde devo pedir para o taxista me deixar?
أين انزل من التاكسي؟
ay-na an-zil min al-tak-sii?

você poderia anotar para mim, para que eu possa mostrar ao motorista?
ممكن تكتبها لي حتى أعطيها لسائق التاكسي؟
mum-kin tak-tub-ha lii Hat-ta aA-Tii-ha li-saa-'iq al-tak-sii?

vejo você amanhã à noite
أراك غداً في الليل
araa-ka gha-dan fii al-layl

encontro com você mais tarde, tenho que dar uma passada no hotel primeiro
أراك لاحقاً. يجب أن أمرَّ على الفندق أولاً
araa-ka laa-Hi-qan. ya-jib ann a-murr Aa-la al-fun-duq aw-wa-lan

eu ligo para você se houver alguma mudança de planos
سوف أتَّصل بك إذا تغير الموعد
saw-fa at-ta-Sil bi-ka/bi-ki idha ta-ghay-yar al-muw-Aid

você vai comer antes?
هل ستأكل قبل ذلك؟
hal sa-ta'-kull qabl dha-lik?

desculpe o atraso
آسف على التأخير
aa-sif/aa-si-fa Aa-la al-ta'-khiir

Compreendendo

هل هذا يُناسبك؟
hal ha-dha yu-naa-si-bak?
está bem assim para você?

سامر عليك حوالي الساعة الثامنة لنذهب معاً
sa-a-mur Aa-lay-ka Ha-waal-lii al-saa-Aa al-thaa-mi-na li-nadh-hab ma-Aan
vou passar por volta das 8h para irmos juntos

سوف أراك هناك
saw-fa araa-ka hu-nak
encontro você lá

يمكن أن نتقابل خارج ...
yum-kin an na-ta-qaa-bal khaa-rij ...
podemos nos encontrar do lado de fora ...

سأعطيك رقم هاتفي ويمكنك الإتصال بي غداً
sa-uA-Tiik/sa-uA-Ti-ki ra-qam haa-ti-fii wa yum-ki-nak al-it-ti-Saal bii gha-dan
vou lhe dar meu telefone e você pode me ligar amanhã

Algumas expressões informais

أنا مبسوط/مبسوطة *ana mab-suuT/mab-suu-Ta* estou muito feliz
نروح نشرب *na-ruuH nach-rab* sair para beber
يأكل لقمة سريعة *ya'-kul luq-ma sa-rii-Aa* comer uma coisinha

---

FILMES, *SHOWS* E CONCERTOS

Expressando-se

há algum guia com a programação do que está passando no momento?

هل هناك كُتيّب عن العروض الفنّية حالياً؟
hal hu-naa-ka ku-tay-yib Aann al-AuruuD al-fan-niy-ya Haa-li-yan?

eu gostaria de três ingressos para ...

أريدُ ثلاث تذاكر ل ...
u-riid tha-laath ta-dhaa-kir li ...

dois ingressos, por favor

تذكرتان من فضلك
tadh-ka-ra-taan, min faD-lak

o nome é ...

اسمه ...
is-muh ...

a que horas começa?
متى يبدأ العرض؟
ma-ta yab-da' al-AarD?

tem certeza de que tem legenda?
هل أنت متأكد ان العرض به شريط ترجمة؟
hal an-ta mu-ta'ak-kid an-na al-AarD bi-hi cha-riiT tar-ja-ma?

eu gostaria de ir ver um *show*
أريدُ الذَّهاب لمشاهدة عرض فني
u-riid al-dha-haab li-mu-cha-ha-dat AarD fan-nii

até quando fica em cartaz?
كم مدة بقاء عرضه؟
kam mud-dat ba-qa' Aar-Duh?

tem ingressos para outro dia?
هل يوجد تذاكر في يوم آخر؟
hal yuu-jad ta-dhaa-kir fii yawm 'aa-khar?

há algum concerto?
هل يوجد حفلات موسيقية مجّانية؟
hal yuu-jad Haf-laat muu-sii-qiy-ya maj-jaa-niy-ya?

que tipo de música é?
ما نوع هذه الموسيقى؟
maa nawA ha-dhi-hi al-muu-sii-qa?

seria legal ver um pouco de música tradicional
أحب مشاهدة موسيقى الفنون الشعبية
uHib mu-chaa-ha-dat muu-sii-qa al-fu-nuun al-chaA-biy-ya

Compreendendo

إنَّها حفلة موسيقية في مكان مكشوف
in-na-ha Haf-la muu-sii-qiy-a fii ma-kaan mak-chuuf
é um concerto ao ar livre

لقد نالت إعجاب الكثير من المشاهدين
la-qad naa-lat iA-jaab al-ka-thiir min al-mu-cha-hi-diin
conseguiu a admiração da maioria do público

PASSEANDO

سوف تُعرَض الأسبوع القادم
saw-fa tuA-raD al-us-buuA al-qaa-dim
entra em cartaz na semana que vem

لقد نَفَذت كل تذاكر هذا العرض
la-qad na-fa-dhat kull ta-dhaa-kir ha-dha al-AarD
os ingressos para esta exibição estão esgotados

كل التذاكر محجوزة حتى ...
kull al-ta-dhaa-kir maH-juu-za Hat-ta ...
está tudo reservado até ...

لا يجب الحجز مسبقاً
laa ya-jib al-Hajz mus-ba-qan
não é preciso reservar com antecedência

رجاء إغلاق التليفونات المحمولة
rajaa' igh-laaq al-te-le-fuu-naat al-maH-muu-la
por favor, desligar os aparelhos celulares

لا يوجد حجز مقاعد
laa yuu-jad Hajz ma-qaa-Aid
não há reserva de assentos

هذه فرقة مشهورة جداً
ha-dhi-hi fir-qa mach-huu-ra jid-dan
este é um grupo muito popular

هو مغني مشهور جداً/هي مغنّية مشهورة جداً
hu-wa mu-ghan-nii mach-huur jid-dan/hi-ya mu-ghan-ni-ya mach-huura jid-dan
ele é um cantor famoso/ela é uma cantora famosa

FESTAS E BOATES

Expressando-se

vou fazer uma festinha de despedida hoje à noite
لديَّ حفلة وَداع صغيرة الليلة
la-day-ya Haf-lat wadaA Sa-ghii-ra al-lay-la

devo levar alguma bebida?
هل أحضر معي بعض المشروبات؟
hal uH-Dir ma-Aii baAD al-mach-ruu-baat?

tem alguma boate onde possamos ir dançar?
هل يوجد نوادي ليلية نرقص فيها؟
hal yuu-jad na-waa-dii lay-liy-ya nar-quS fii-ha?

poderíamos ir a uma boate depois
ممكن نروح الى أحد النوادي الليلية بعد ذلك
mum-kin na-ruuH ila aHad al-na-waa-dii al-lay-liy-ya baAD dha-lik

é preciso pagar para entrar?
هل هناك رسم دخول؟
hal hu-naa-ka rasm du-khuul?

tenho um encontro ali dentro
لدي موعد بالداخل
la-day-ya maw-Aid bil-daa-khil

você vai me deixar entrar de novo quando eu voltar?
هل سيُسمح لي بالدخول مرة ثانية عند العودة؟
hal sa-yus-maH lii bil-du-khuul mar-ra tha-ni-ya Ain-da al-Aaw-da?

o DJ é bom mesmo
مشغّل الإسطوانات ممتاز
mu-chagh-ghil al-us-Tu-waa-naat mum-taaz

eu gosto da mistura de música árabe e ocidental
أحب خلط الموسيقى العربية مع الموسيقى الغربية
uHib khalT al-muu-sii-qa al-Aa-ra-biy-ya ma-Aa al-muu-sii-qa al-ghar-biy-ya

obrigada(o), mas estou com meu(minha) namorado(a)
شكراً. أنا هنا مع صديقي/صديقتي
chuk-ran. ana hu-na ma-Aa Sa-dii-qii/Sa-dii-qa-tii

não, obrigado(a), não fumo
لا. شكراً. أنا لا أدخّن
laa. chuk-ran. ana la udakh-khin

PASSEANDO

Compreendendo

هناك حفلة في منزل هاني
hu-naa-ka Haf-la fii man-zil Hany
tem uma festa na casa de Hany

هل تحب/تحبين الرقص؟
hal tu-Hib/tu-Hib-iin al-raqS?
gostaria de dançar?

هل أشتري لك مشروب؟
hal ach-ta-rii la-ka/la-kii mach-ruub?
posso lhe pagar uma bebida?

هل معك كبريت؟
hal ma-Aak kab-riit?
você tem fósforo?

هل معك سجائر؟
hal ma-Aak sa-jaa-'ir?
pode me dar um cigarro?

هل ممكن أن نتقابل مرة أخرى؟
mum-kin na-ta-qaa-bal mar-ra ukh-ra?
podemos nos ver de novo?

ممكن أوصلك للبيت؟
mum-kin uwaS-Si-lik lil-bayt?
posso acompanhá-la até sua casa?

ATRAÇÕES TURÍSTICAS

Há muitas atrações turísticas fantásticas nos países de língua árabe, desde as legendárias pirâmides de Gizé até monumentos menos famosos mas igualmente impressionantes, assim como ruínas e elementos da arquitetura clássica e contemporânea. Qualquer centro turístico poderá lhe fornecer informações sobre monumentos, lugares, custos e horários de funcionamento; às vezes, porém, conversar com os habitantes locais é muito valioso, já que eles serão capazes de lhe indicar lugares interessantes e menos conhecidos, que têm muito a lhe oferecer.

O preço dos ingressos nos museus do Egito é bem razoável. O museu egípcio (*al-mat-Haf al-maS-rii*) no Cairo, fundado em 1853, e agora situado num prédio em estilo neoclássico desenhado pelo arquiteto francês Marcel Dourgnon, expõe uma imensa coleção com mais de 120.000 peças que datam desde a era pré-histórica até o período greco-romano.

O transporte para as atrações turísticas é relativamente fácil; a maioria dos terminais de ônibus e pontos de táxi possui itinerários para os locais mais importantes, o que pode ser o modo mais conveniente de viajar. Você também pode considerar a possibilidade de contratar um taxista para o dia; você e o motorista fecham um preço com antecedência e ele o levará aos locais escolhidos.

O básico

antigo	أثري *a-tha-rii*
antiguidade	أثر *a-thar*
área	منطقة *man-Ti-qa*
arte moderna	فن حديث *fan Ha-diith*
bazar	بازار *ba-zaar*
centro da cidade	وسط البلد *wa-saT al-ba-lad*
centro de informações turísticas	مركز الارشاد السياحي *mar-kaz al-ir-chaad al-si-yaa-Hii*

escultura	نموذج فني *na-muu-dhaj fan-nii*
esfinge	أبو الهول *abu al-huul*
estátua	تمثال *tim-thal*
exposição	معرض *maA-raD*
faraó	فرعون *fir-Aawn*
galeria	معرض *maA-raD*
guia de turismo	مُرشد *mur-chid*
igreja	كنيسة *ka-nii-sa*
mapa de ruas	خريطة الشوارع *kha-rii-Tat al-cha-wa-riA*
mesquita	مسجد *mas-jid*
museu	متحف *mat-Haf*
parque	حديقة *Ha-dii-qa*
pintura	لوحة زيتية *law-Ha zay-tiy-ya*
pirâmides	اهرامات *ahraa-maat*
ruínas	أطلال *aT-laal*
século	قرن *qarn*
turista	سائح *sa-'iH*

Expressando-se

eu gostaria de algumas informações sobre ...
أريد بعض المعلومات عن ...
u-riid baAD al-maA-luu-maat Aan ...

pode me dizer onde fica o centro de informações turísticas?
ممكن تدلني أين أجد مركز الإرشاد السياحي؟
mun-kin ta-dul-la-nii ay-na a-jid mar-kaz al-ir-chaad al-si-yaa-Hii?

você tem um guia de ruas da cidade?
هل لديك خريطة لشوارع المدينة؟
hal la-day-ka kha-rii-Ta li-cha-wa-riA al-ma-dii-na?

disseram-me que há uma mesquita antiga que pode ser visitada
سمعت أن هناك مسجد أثري يمكنني زيارته
sa-miAtu an-na hu-naa-ka mas-jid atharii yum-ki-nu-na zi-yaa-ra-tuh

poderia me mostrar onde fica no mapa?
ممكن أن تدلني أين هذا المكان على الخريطة؟
mum-kin ann ta-dul-la-nii ay-na ha-dha al-ma-kaan Aa-la al-kha-rii-Ta?

como se faz para chegar lá?
كيف تصل إلى هذا المكان؟
kay-fa ta-Sil ila ha-dha al-ma-kaan?

é gratuito?
هل الدُخول مجّاني؟
hal al-du-khuul maj-jaa-nii?

quando isto foi construído?
متى بُنِيَ هذا المكان؟
ma-ta bu-ni-ya ha-dha al-ma-kaan?

Compreendendo

رسم دخول	entrada
مُغلق	fechado
حربٌ	guerra
غزوٌ	invasão
مفتوح	aberto
تجديد	restauração
أعمال ترميم	trabalho de restauração
جولة مع مرشد	visita guiada
أنت الآن موجود هنا	você está aqui (*no mapa*)

يجب عليك أنْ تسأل حين تصل الى المكان
ya-jib Aa-lay-ka an tas-'al Hii-na ta-Sil ila al-ma-kaan
você terá de perguntar quando chegar lá

ستبدأ الجولة مع مرشد السّاعة الثّانية
sa-tab-da' al-jaw-la mAa mur-chid al-saa-Aa al-thaa-ni-ya
a próxima visita guiada começa às 2h

MUSEUS, EXPOSIÇÕES E MONUMENTOS

Expressando-se

ouvi dizer que há uma exposição muito boa no momento
سَمعتُ أنَّ هناك معرِ ض جميل يُعْرَض الآن
sa-miA-tu an-na hu-naa-ka maA-raD ja-miil yuA-raD al-aan

quanto custa para entrar?
كمْ سِعْر الدُّخول؟
kam siAr al-du-khuul?

este ingresso vale também para a exposição?
هل هذه التذكرة صالحة لدخول المعرض أيضاً؟
hal ha-dhi-hi al-tadh-ka-ra Saa-li-Ha li-du-khuul al-maA-raD ay-Dan?

tem algum tipo de desconto para jovens?
هل هناك تذاكر مخفّضة للشباب؟
hal hu-naa-ka ta-dhaa-kir mu-khaf-fa-Da lil-cha-baab?

fica aberto aos domingos?
هل هو مفتوح أيّام الأحد؟
hal hu-wa maf-tuuH ay-yaam al-aHad?

duas meias e uma inteira, por favor
تذكرتين مخفضتين وواحدة كاملة من فضلك
tadh-ka-ra-tayn mu-khaf-fa-Da-tayn wa waa-Hi-da kaa-mi-la, min faD-lak

tenho carteirinha de estudante
معي كارت طلبة
ma-Aii kart Ta-la-ba

Compreendendo

مكتب التذاكر	bilheteria
معرض مؤقّت	exposição temporária
معرض دائم	exposição permanente
ممنوع استخدام فلاش التصوير	proibido usar o *flash*
ممنوع التصوير	proibido fotografar
هذا الاتجاه	por aqui
الرجا التزام الهدوء	silêncio, por favor
من فضلك ممنوع لمس المعروضات	por favor, não mexa/toque

سعر دخول المتحف ...
siAr du-khuul al-mat-Haf ...
a entrada para o museu custa ...

هذه التذكرة تسمح لك بدخول المعرض
ha-dhi-hi al-tadh-ka-ra tas-maH la-ka bi-du-khuul al-maA-raD
este ingresso lhe permite também o acesso à exposição

DANDO SUAS IMPRESSÕES

Expressando-se

é bonito
إنّها جميلة
in-na-ha ja-mii-la

foi bonito
كانت جميلة
kaa-nat ja-mii-la

é fantástico
إنّها رائعة
in-na-ha raa-'i-Aa

foi fantástico
كانت رائعة
kaa-nat raa-'i-Aa

realmente eu aproveitei
استمتعتُ بها
s-tam-taA-tu bi-ha

não gostei muito
لم تعجبني كثيراً
am tuA-jib-nii ka-thii-ran

foi um pouco chato
كان ممل بعض الشيء
kaa-na mu-mill baA-Da al-chay'

é caro para o que é
إنّها غالية بالنسبة لقيمتها
in-na-ha ghaa-liya bil-nis-ba li-qii-ma-ta-ha

é muito para turistas
أنّها سياحية جداً
in-na-ha sii-ya-Hiy-ya jid-dan

estava muito lotado
كانت مزدحمة جداً
kaa-nat muz-da-Hi-ma jid-dan

ATRAÇÕES TURÍSTICAS

81

acabamos não indo, a fila era muito grande
لم نتمكن من الدخول لأن الطابور كان طويل
lam na-ta-mak-kan min al-du-khuul li-'an-na al-Ta-buur kaa-na Ta-wiil

não tivemos tempo de ver tudo
لم يكن لدينا وقت كاف لرؤية كل شيء
lam ya-kun la-day-na waqt kaa-fii li-ru'-yat kull chay'

Compreendendo

مشهور	famoso
يستحق التصوير	pitoresco
معبّر عن نموذج	típico
تقليدي	tradicional

لا تدع الفرصة تفوتك لمشاهدة ...
laa ta-daA/laa ta-da-Aii al-fur-Sa ta-fuu-tak / ta-fuu-tik li-mu-chaa-ha-dat ...
não perca a chance de ir assistir a (ao) ...

أنا أرشّح لك الذهاب إلى ...
ana u-rach-chiH la-ka al-dha-haab ila ...
recomendo que vá a ...

هناك منظر رائع يُطلُّ على المدينة بالكامل
hu-naa-ka man-Zar ra-'iA yu-Till Aa-la al-ma-dii-na bil-kaa-mil
há uma vista maravilhosa de toda a cidade

أصبح سياحي إلى حد كبير
aS-ba-Ha si-yaa-Hii ila Hadd ka-biir
tornou-se turístico demais

انهدم الساحل تماماً
in-ha-da-ma al-sa-Hil ta-maa-man
o litoral ficou completamente arruinado

ESPORTES E JOGOS

ⓘ

Tendo em vista a vastidão da geografia e da paisagem do mundo de falantes de árabe, você poderá deparar com quase todo tipo de atividade esportiva. Até o Líbano, em sua parte norte, possui pistas de esqui de nível internacional, e Dubai pode se gabar de ter uma das maiores pistas de esqui *indoor* do mundo, de forma que após passar algumas horas no calor escaldante você poderá desfrutar o esqui.

A paisagem natural é ótima para grandes caminhadas e *trekkings*, principalmente por causa do relevo montanhoso. No Egito, as montanhas do Sinai vêm se tornando rapidamente o destino de praticantes de *trekking*. Vários países notaram essa tendência e agora oferecem visitas guiadas e excursões. Informações sobre o crescente número de caminhadas e *trekkings* podem ser obtidas no centro de informações turísticas local ou em qualquer agência de viagens.

Os países do Mediterrâneo oferecem aos turistas surfe e outros esportes aquáticos. A natação e o mergulho são populares, sobretudo em torno dos recifes de corais do mar Vermelho e na costa do Sinai.

Provavelmente o esporte mais popular entre os habitantes locais, e em quase todas as partes do mundo, seja o futebol. Vários jogos de cartas e de tabuleiro, como o gamão, são também muito comuns.

O básico

basquetebol	كرة سلة *ku-rat sal-la*
bola	كرة *ku-rah*
cartas	لعب الورق *laAb al-wa-raq (kut-chi-na)*
ciclismo	ركوب الدراجات *ru-kuub al-dar-ra-jaat*
ciclismo em montanha	صعود الجبال بالدراجات *Su-Auud al-ji-baal bil-dar-ra-jaat*
esporte	رياضة *ri-yaa-Da*
fazer caminhada	يخرج في رحلة سير *yakh-ruj fii riH-lat sayr*
futebol	كرة القدم *ku-rat al-qa-dam*

futebol de mesa	كرة قدم الطاولة ku-rat qa-dam al-Taa-wi-la
jogar	يلعب yal-Aab
jogo, partida	ماتش match
jogo de tabuleiro	ألعاب الواح التسالي al-Aaab al-waaH al-ta-saa-lii
natação	سباحة si-baa-Ha
piscina	حمام سباحة Ham-maam si-baa-Ha
surfe	رياضة ركوب الأمواج ri-yaa-Dat ru-kuub al-am-waaj
tênis	تنس te-nis
ter um jogo de …	يلعب لعبة … yal-Aab luA-bat …
trilha de caminhada	درب رحلات السير darb riH-lat al-sayr
viagem	رحلة riH-la
xadrez	شطرنج cha-Ta-ranj

Expressando-se

eu gostaria de alugar … por uma hora
أريد إستئجار … لمدة ساعة
u-riid is-ti'-jaar … li-mud-dat saa-Aa

tem aulas de …?
هل يوجد دروس تعليم …؟
hal yuu-jad du-ruus taA-liim …?

qual o valor da hora por pessoa?
كم يتكلف ذلك للشخص في الساعة؟
kam ya-ta-kal-laf dha-lik lil-chakhS fii al-saa-Aa?

não sou muito de esportes
لست من هواة الرياضة
las-tu min hu-waat al-ri-yaa-Da

nunca fiz isso antes
لم أقم بذلك من قبل
lam aqum bi-dha-lik min qabl

fiz isso uma ou duas vezes, há muito tempo
مارست هذا مرة أو مرتين منذ وقت طويل
maa-ras-tu ha-dha mar-ra aw mar-ra-tayn mun-dhu waqt Ta-wiil

estou exausto!
أنا تعبان
ana taA-baan

eu gostaria de ir assistir a uma partida de futebol
أريد الذهاب لمشاهدة مباراة كرة قدم
u-riid al-dha-haab li-mu-chaa-ha-dat mu-baa-raat kurt qa-dam

vamos dar uma parada para um piquenique?
هل ممكن أن نتوقف قليلاً للإستراحة وتناول الطعام
al mum-kin an na-ta-waq-qaf qa-lii-lan lil-is-ti-raa-Ha wa ta-naa-wul al-Ta-Aaam

jogamos ...
لعبنا ..
a-Aib-na ...

Compreendendo

... للإيجار ... para alugar

هل مارست هذا من قبل أم أنت مبتدئ
al ma-rast ha-dha min qabl am an-ta mub-ta-di'?
você tem alguma experiência, ou é iniciante total?

يجب دفع تأمين إيجار قدره .
a-jib dafA ta'-miin'ii-jaar qad-ru ...
é preciso fazer um depósito de ...

CAMINHADAS

Expressando-se

tem trilhas para caminhadas aqui na redondeza?
هل يوجد دروب لرحلات السير على الأقدام هنا
al yuu-jad du-ruub li-riH-laat al-sayr Aa-la al-aq-dam hu-na?

poderia recomendar algumas boas trilhas na área?
هل تقترح طرق جيدة للسير في هذه الناحية
al taq-ta-riH Tu-ruq jay-yi-da lil-sayr fii ha-dhi-hi al-na-Hi-ya?

ESPORTES E JOGOS

ouvi dizer que há uma bela trilha perto do lago
سمعت أن هناك طريق ممتع للسير بالقرب من البحيرة
sa-miA-tu an-na hu-naa-ka Ta-riiq mum-tiA lil-sayr bil-qurb min al-bu-Hay-ra

estamos procurando uma trilha curta aqui perto
نريد الذهاب للتنزه في جولة قصيرة بالقرب من هنا
nu-riid al-dha-haab lil-ta-naz-zuh fii jaw-la qaSii-ra bil-qurb min hu-na

posso alugar calçados para caminhada?
هل يمكن استئجار أحذية مناسبة لرحلات السير؟
hal yum-kin is-ti'-jaar aH-dhi-ya mu-naa-si-ba li-riH-laat al-sayr?

quanto tempo dura a caminhada?
ما مدّة رحلة السير؟
maa mud-dat riH-lat al-sayr?

é muito íngreme?
هل هو شديد الإنحدار؟
hal hu-wa cha-diid al-in-Hi-daar?

onde é o começo da trilha?
أين بداية الدرب؟
ay-na bi-daa-yat al-darb?

a trilha é demarcada?
هل الدرب به علامات إرشادية؟
hal al-darb bi-hi Aa-laa-maat ir-chaa-diy-ya?

é uma trilha circular?
هل الدرب دائري؟
hal al-darb daa-'i-rii?

Compreendendo

المدّة التقديرية   duração média (*da caminhada*)

تستغرق حوالي ثلاث ساعات ونصف بما في ذلك فترة الإستراحة
tas-tagh-riq Ha-waa-lii tha-laath saa-Aaat wa nisf bi-ma fii dha-lik fat-rat al-is-ti-raa-Ha
são mais ou menos umas três horas de caminhada, incluindo as paradas para descanso

أحضر معطف ضد البلل وأحذية مريحة للسير
aH-Dir miA-Taf Did al-ba-lal wa aH-dhi-ya murii-Ha lil-sayr
traga uma jaqueta impermeável e calçados para caminhada

OUTROS ESPORTES

Expressando-se

onde podemos alugar bicicletas?
أين يمكن إستئجار درّاجات؟
ay-na yum-kin is-ti'-jaar dar-ra-jaat?

há ciclovias?
هل يوجد دروب لسير الدرّاجات؟
hal yuu-jad du-ruub li-sayr al-dar-ra-jaat?

alguém tem uma bola de futebol?
هل يوجد أحد لديه كرة قدم؟
hal yuu-jad aHad la-day-hi ku-rat qa-dam?

por que time você torce?
أي فريق تشجع؟
ayy fa-riiq tu-chaj-jiA?

eu torço por ...
أنا أشجع ...
ana u-chaj-jiA ...

há alguma piscina descoberta?
هل يوجد حمّام سباحة مكشوف هنا؟
hal yuu-jad Ham-maam si-baa-Ha mak-chuuf hu-na?

nunca mergulhei antes
لم يسبق لي ممارسة رياضة الغطس من قبل
lam yas-biq lii mu-maa-ra-sat ri-yaa-Dat al-ghaTs min qabl

eu corro meia hora toda manhã
أمارس رياضة العدو لمدة نصف ساعة كل صباح
u-maa-ris ri-yaa-Dat al-Aa-duu li-mud-dat niSf saa-Aa kull Sa-baaH

ESPORTES E JOGOS

Compreendendo

يوجد ملعب تنس للإستخدام العام ليس بعيداً عن المحطة
yuu-jad mal-Aab te-nis lil-is-tikh-dam al-Aaam lay-sa ba-Aii-dan Aan al-ma-HaT-Ta
há uma quadra pública de tênis não muito longe da estação

ملعب التنس مشغول الآن
mal-Aab al-te-nis mach-ghuul al-aan
a quadra de tênis está ocupada

هل تستطيع السباحة؟
hal tas-ta-TiiA al-si-baa-Ha?
você sabe nadar?

هل تلعب كرة سلة؟
hal tal-Aab ku-rat sal-la?
você joga basquetebol?

JOGOS EM AMBIENTES FECHADOS

Expressando-se

vamos jogar cartas?
هل نلعب الورق؟
hal nal-Aab al-wa-raq (kut-chi-na)?

alguém conhece um bom jogo de cartas?
هل يعرف أحدكم لعبة ورق جيدة؟
hal yaA-rif aHa-du-kum luA-bat wa-raq jay-yi-da?

é a sua vez
هذا دورك
ha-dha duw-rak

Compreendendo

هل تستطيع لعب الشطرنج؟
hal tas-ta-TiiA laAb al-cha-Ta-ranj?
você sabe jogar xadrez?

هل معك كوتشينة؟
hal ma-Aaak kut-chi-na?
você tem um maço de cartas?

> **Algumas expressões informais**
> كش ملك! *kich ma-lik!* cheque!
> المتش حيبتدي إمتى؟ *al-match Ha-yib-tidii im-ta?* a que horas começa o jogo?
> هو غلبني *hu-wa gha-la-banii* ele ganhou de mim
> لعبة مملة *luA-ba mu-mil-la* era um jogo chato

COMPRAS

A maioria das lojas fecha às sextas-feiras, embora em países com uma população considerável de cristãos, como o Líbano, a Síria, a Jordânia e o Egito, algumas delas fiquem abertas às sextas-feiras e fechadas aos domingos. O Egito é o paraíso das compras e, se você estiver procurando uma lembrancinha *kitsch* de faraó, roupas bordadas à mão ou lenços palestinos, vai encontrá-los com facilidade.

A maioria dos *shoppings centers* e centros comerciais tem horário fixo de funcionamento, em geral das 9h às 21h, mas esse horário pode variar de acordo com a estação e com o *shopping*. Por outro lado, se você estiver fazendo compras nos vários *suuqs* (mercados) do mundo árabe, perceberá que os horários (e preços!) deles são bem mais flexíveis. Ao passear pelo famoso labirinto do mercado Khaan al-khalii-lii, no Cairo, não é incomum encontrar, perto da meia-noite, vendedores ainda trabalhando. Mercados como esse podem ser encontrados em quase todas as cidades, grandes ou pequenas, no mundo de falantes de árabe. Neles, pode-se comprar de tudo, desde um cartão-postal a uma mesa antiga de gamão.

Nos mercados você terá dificuldade de pagar com cartão de crédito, de modo que é bom levar consigo dinheiro vivo. Como é típico, os preços nos mercados não são fixos, e você deve pechinchar na compra de tudo; na verdade, a pechincha é algo esperado; entretanto, lembre-se de que é algo muito ruim ficar regateando o preço e depois se recusar a comprar o item. Nos *shoppings* o pagamento com cartão de crédito é bem mais fácil. Em relação a pagamento com dinheiro, alguns países aceitam que se pague com dólares americanos e também euros.

Os cigarros podem ser comprados em quase todas as lojas de conveniências ou de vendedores ambulantes. Bebidas alcoólicas não são tão difíceis de ser encontradas quanto se poderia esperar, mas há lojas de bebidas que não são fáceis de ser identificadas e ficam abertas até tarde. Você terá de se informar com as pessoas, mas a maioria dos supermercados tem bebidas alcoólicas à venda. Em países como o Líbano é fácil comprar bebidas alcoólicas em lojas de conveniências. Os presentes em geral não são embrulhados em pacote especial, de forma que você não deve esperar que o vendedor lhe ofereça esse serviço.

Algumas expressões informais

هذا رخيص جداً ha-dha ra-khiiS jid-dan é uma pechincha mesmo

يساوم - يفاوض على السعر yuu-sa-wim/yuu-fa-wiD Aa-la al-siAr
negociar/regatear o preço

هذا نصب - استغلال ha-dha naSb/is-tigh-lal isto é um roubo/é exploração

موسم التخفيضات maw-sim al-takh-fii-Daat temporada de liquidação

O básico

açougue	جزار jaz-zar
barato(a)	رخيص ra-khiiS
caixa	الخزينة al-kha-zii-na
caro(a)	غالي gha-lii
comprar	يشترى yach-ta-rii
custar	يكلف yu-kal-lif
fazer o pagamento	دفع قيمة المشتروات dafA qii-mat al-much-ta-ra-waat
grama (*peso*)	جرام gram
liquidação	بضاعة مخفضة bi-Daa-Aa mu-khaf-fa-Da
loja	محل ma-Hal
mercearia	محل خضروات ma-Hal khuD-ra-waat
padaria	مخبز makh-baz
pagar	يدفع yad-faA
preço	سعر siAr
presente	هدية ha-diy-ya
quilo	كيلو kii-luu
recibo, nota fiscal	إيصال ii-Saal
reembolso	استرداد النقود is-tir-dad al-nu-quud
roupas	ملابس ma-laa-bis
shopping center	مركز تسوق mar-kaz ta-saw-wuq
supermercado	سوبر ماركت su-bir markit
suvenir	هدية تذكارية ha-diy-ya tidh-ka-riy-ya
vendedor	بائع ba-'iA
vender	يبيع ya-biiA

Expressando-se

tem algum supermercado aqui perto?
هل يوجد سوبر ماركت قريب من هنا؟
hal yuu-jad su-bir markit qa-riib min hu-na?

onde posso comprar cigarros?
أين يمكن شراء سجائر؟
ay-na yum-kin chi-raa' sa-gaa-'ir?

eu gostaria ...
أريد ...
u-riid ...

estou procurando ...
أنا أبحث عن ...
ana ab-Hath Aan ...

vocês vendem ...?
هل تبيع ...؟
hal ta-biiA ...

você sabe onde eu poderia encontrar ...?
هل تعرف أين يمكن أن أجد ...؟
hal taA-rif ay-na yum-kin an a-jid ...?

você pode encomendar isto para mim?
ممكن تطلبها لي؟
mum-kin tuT-lub-ha lii?

quanto custa isto?
كم سعر هذا؟
kam siAr ha-dha?

vou levar
سوف آخذ هذا
saw-fa a-khud ha-dha

não tenho muito dinheiro
ليس معي نقود كثيرة
lay-sa ma-Ai nu-quud ka-thii-ra

não tenho dinheiro suficiente
ليس لدى نقود كافية
lay-sa la-day-ya nu-quud kaa-fi-ya

é só isso, obrigado(a)
هذا كل شيء. شكرا
ha-dha kull chay', chuk-ran

pode me dar uma sacola (*plástica*)?
ممكن تعطيني شنطة بلاستيك؟
mum-kin taA-Tii-nii chan-Ta blas-tik?

acho que você me deu o troco errado
هناك خطأ في حساب باقي النقود
hu-naa-ka kha-Ta' fii Hi-saab baa-qii al-nu-quud

Compreendendo

مفتوح من ... حتى ...	aberto das ... às ...
يغلق ايام الاحد من الواحدة حتى الثالثة ظهرا	fechado aos domingos/da 1h às 3h da tarde
عرض خاص	oferta especial
بضائع مخفضة	liquidação

هل هناك أي شئ أخر؟
hal hu-naa-ka ay chay' aa-khar?
mais alguma coisa?

هل تريد شنطة؟
hal tu-riid chan-Ta?
quer uma sacola?

PAGANDO

Expressando-se

onde pago?
أين أدفع؟
ay-na ad-faA?

quanto lhe devo?
كم يجب أن أدفع؟
kam ya-jib ann ad-fA?

COMPRAS

poderia anotar para mim, por favor?
ممكن تكتبها لى من فضلك؟
mum-kin tak-tub-ha lii, min faD-lak?

posso pagar com cartão de crédito?
ممكن أدفع ببطاقة الإئتمان؟
mum-kin ad-faA bi-bi-Taa-qat al-'i-ti-maan?

vou pagar em dinheiro
سوف أدفع نقدا
saw-fa ad-faA naq-dan

desculpe, não tenho nenhum trocado
أنا آسف. ليس لدى أى فكّه
ana aa-sif. lay-sa la-day-ya ay fak-ka

pode me dar uma nota fiscal?
ممكن تعطيني إيصال؟
mum-kin taA-Tii-nii ii-Saal?

Compreendendo

ادفع عند الخزينة
id-fAa Ain-da al-kha-zii-na
pagar no caixa

كيف تريد أن تدفع؟
kay-fa tu-riid an tad-faA?
como gostaria de pagar?

هل لديك أقل من ذلك؟
ha la-day-ka aqall min dha-lik?
você teria mais trocado?

هل لديك إثبات شخصية؟
hal la-day-ka ith-baat chakh-Siy-ya?
você tem alguma identidade?

من فضلك! قم بالتوقيع هنا
min faD-lak! qum bil-taw-qiiA hu-na?
pode assinar aqui, por favor?

COMIDA

Expressando-se

onde posso comprar comida aqui na redondeza?
أين يمكن شراء طعام بالقرب من هنا؟
ay-na yum-kin chi-raa' Ta-Aaam bil-qurb min hu-na?

tem algum mercado/alguma feira?
هل يوجد سوق هنا؟
hal yuu-jad suuq hu-na?

tem alguma padaria aqui perto?
هل يوجد مخبز بالقرب من هنا؟
hal yuu-jad makh-baz bil-qurb min hu-na?

é para quatro pessoas
إنه لأربعة أشخاص
in-na-hu li-ar-baAat ach-khaS

mais ou menos 300 gramas
حوالي ثلاثمائة جرام
Ha-waa-lii tha-laath mi-'at gram

um quilo de maçã, por favor
كيلو تفاح من فضلك
kii-luu tuf-faaH, min faD-lak

um pouquinho menos/mais
أقل قليلاً/أكثر
aqall qa-lii-lan/ak-thar

posso experimentar?
ممكن أتذوقه؟
mum-kin ata-dhaw-wa-quh?

aguenta bem na viagem?
هل يمكن السفر به مسافة طويلة؟
hal yum-kin al-sa-far bi-hi ma-saa-fa Ta-wii-la?

COMPRAS

Compreendendo

أصناف محلية ذات طعم خاص	especialidades locais
مصنوع من مواد عضوية	orgânico
مصنوع في البيت	caseiro
ينصح استخدامه قبل...	válido até…
محل لبيع الوجبات الخاصة	loja de alimentos

هناك سوق كل يوم حتى الواحدة ظهرا
hu-naa-ka suuq kull yawm Hat-ta al-waa-Hi-da Zuh-ran
tem um mercado aberto todos os dias até a 1h da tarde

يوجد محل خضروات قريب من هنا يفتح حتى وقت متأخر
yuu-jad ma-Hal khuD-ra-waat qa-riib min hu-na yaf-taH Hat-ta waqt mu-ta-akh-khir
tem uma mercearia virando a esquina, que fica aberta até tarde

ROUPAS

Expressando-se

estou procurando a seção de roupas masculinas
أنا أبحث عن القسم الرجالي
ana ab-Hath Aann al-qism al-ri-jaa-lii

não, obrigado(a), só estou dando uma olhadinha
لا شكرا. إنني آخذ فكرة فقط
laa, chuk-ran. in-na-nii aa-khud fikra fa-qaT

posso experimentar?
ممكن أقيسه؟
mum-kin a-qii-suh?

posso experimentar aquele da vitrine?
ممكن أقيس الذي في نافذة العرض؟
mum-kin a-qiis al-la-dhii fii na-fi-dhat al-AarD?

vou levar o número 39 (de *sapato*)
أنا أرتدي مقاس تسعة وثلاثون
ana ar-ta-dii ma-qaas tis-Aa wa tha-laa-thuun

onde são os provadores?
أين غرف قياس الملابس؟
ay-na ghur-fat qi-yaas al-ma-laa-bis?

não serve
هذا لايناسبني
ha-dha la yu-naa-sib-nii

é muito grande/pequeno
إنه كبير/صغير جدا
in-na-hu ka-biir/Sa-ghiir jid-dan

teria em outra cor?
هل يوجد هذا الموديل بلون آخر؟
hal yuu-jad ha-dha al-mu-dil bi-lawn aa-khar?

teria em um tamanho menor/maior?
هل يوجد نفس الموديل بمقاس أصغر أو أكبر؟
hal yuu-jad nafs al-mu-dil bi-ma-qaas aS-ghar aw ak-bar?

teria em vermelho?
هل لديك هذه الموديلات بلون أحمر؟
hal la-day-ka ha-dhi-hi al-muu-dil-laat bi-lawn aH-mar?

sim, ficou bom, vou levar
حسناً. سأشتريهم
Ha-sa-nan. sa'achta-rii-hum

não, eu não quero
لا. لاأريده
laa, laa u-rii-duh

vou pensar
أحتاج بعض الوقت للتفكير
aH-taaj baAD al-waqt lil-taf-kiir

eu gostaria de devolver isto, não serve
أريد رد هذا. إنه لايناسبني
u-riid radd ha-dha. in-na-hu laa yuu-naa-sib-nii

este ... tem um buraco, posso ter um reembolso?
هذا ... به ثقب. هل ممكن إعادته و استرداد النقود؟
ha-dha ... bi-hi thuqb. hal mum-kin i-Aaa-da-tuh wa-is-tir-dad al-nu-quud?

Compreendendo

غرف قياس الملابس — provadores
البضاعة المخفضة لا يمكن ترجيعها — peças em liquidação não podem ser devolvidas

مفتوح أيام الأحد — aberto aos domingos
ملابس أطفال — roupas infantis
ملابس نسائية (حريمى) — moda feminina
ملابس رجالي — moda masculina
ملابس حريمي داخلية — *lingerie*

مرحبا, ممكن أساعدك؟
mar-Ha-ba, mum-kin usaa-Aidak?
olá, posso ajudar?

ليس لدينا إلا اللون الأزرق أوالأسود
lay-sa la-day-na il-la al-lawn al-az-raq aw al-as-wad
só temos em azul ou preto

لم يبقى شيئ من هذا المقاس
lam yab-qa chay' min ha-dha al-ma-qaas
não sobrou nenhum(a) nesse tamanho

إنه يناسبك
in-na-hu yu-naa-si-bak/yu-naa-si-bik
caiu bem em você

إنه مناسب تماما
in-na-hu mu-naa-sib ta-maa-man
serviu perfeitamente em você

ممكن رده إذا لم يكن مناسب
mum-kin rad-du idha lam ya-kuun mu-naa-sib
pode trazer de volta se não servir

SOUVENIRS E PRESENTES

Expressando-se

estou procurando um presente para levar para casa
أنا أبحث عن هدية آخذها معي الى بلدي
ana ab-Hath Aan ha-diy-ya aa-khudh-ha ma-Aii ila ba-la-dii

eu gostaria de algo fácil de transportar
أريد شيئا يسهل حمله في السفر
u-riid chay-' yas-hul Ham-luh fii al-sa-far

é para uma menininha de quatro anos
أنه لفتاة عمرها أربع سنوات
in-na-hu li-fa-tah Aum-ruha ar-baA sa-na-waat

Compreendendo

مصنوع من الخشب/الفضة/الذهب/الصوف	feito de madeira/prata/ouro/lã
مصنوع يدويا	feito à mão
منتج تقليدي مصنوع يدويا	produto feito de modo tradicional

كم تريد أن تنفق؟
kam tu-riid an tun-fiq?
quanto pretende gastar?

هل هذا من أجل هدية؟
hal ha-dha min ajl ha-diy-ya?
é para presente?

هذا المنتج خاص من هذه المنطقة
ha-dha al-mun-taj khaaS min ha-dhi-hi al-man-Ti-qa
é típico da região

FOTOGRAFIAS

Sem dúvida, você vai deparar com vistas lindas e maravilhosas durante suas viagens, mas há algumas coisas que se devem ter em mente ao tirar fotos de pessoas. Por questão de cortesia, você deve sempre pedir permissão à pessoa que pretende fotografar. Respeite o fato de que a pessoa pode não querer ser fotografada, ou achar que o que ela está fazendo não é digno de ser fotografado. Você também deve evitar tirar fotografia de bases ou instalações militares, ou em suas proximidades; se o fizer, sua máquina poderá ser confiscada. Se quiser tirar fotografias de instalações governamentais, certifique-se de obter permissão de alguém que trabalhe no prédio.

As lojas de fotografias sempre imprimem as fotos diretamente de seu cartão de memória; você poderá, porém, ir a um *cybercafé*, baixar as fotos e gravá-las em CD.

O básico

brilhante	لامع *lam-miA*
cabine fotográfica	كشك تصوير شخصي *kuchk taS-wiir chakh-Sii*
câmera descartável	كاميرا للاستخدام مرة واحدة *ka-me-ra lil-is-tikh-dam mar-ra waa-Hi-da*
câmera digital	كاميرا رقمية *ka-me-ra raq-miy-ya*
cartão de memória	كارت الذاكرة *kart al-zaa-ki-ra*
CD	سي دي *sii-dii*
cópia	نسخة *nas-kha*
cor	ملوّن *mu-law-wan*
exposição	لقطة *laq-Ta*
filme	فيلم *film*
flash	فلاش *flach*
fosco	مطّ *maTT*
foto de passaporte	صور للباسبور *Su-war lil-bas-buur*
máquina fotográfica	كاميرا *ka-me-ra*
negativo	نيجاتيف *neja-tiif*
preto e branco	ابيض واسود *ab-yaD wa as-wad*

reimpressão	نسخة nas-kha
revelar fotos	يحمّض الصُّور yuu-Ham-miD al-Su-war
slide	مجموعة صور متتالية maj-muu-Aat Su-war mu-ta-taa-liya
tirar uma foto/fotos	يلتقط صورة/صور yal-ta-qiT Suu-ra/Su-war

Expressando-se

poderia tirar uma foto de nós, por favor?
ممكن تلتقط لنا صورة من فضلك؟
mum-kin tal-ta-qiT la-na Suu-ra, min faD-lak?

é só apertar este botão
اضغط على هذا الزِّر
iD-ghaT Aa-la ha-dha al-zir

eu gostaria de um filme colorido
أريد فيلم ملوَّن
u-riid film mu-law-wan

vocês têm filmes em preto e branco?
هل يوجد أفلام أبيض وأسود؟
hal yuu-jad af-lam ab-yaD wa as-wad?

quanto custa para revelar um filme de 36 poses?
كم يكلف تحميض فيلم 36 صورة؟
kam yu-kal-lif taH-miiD film sit-ta wa tha-la-thuun Suu-ra?

eu gostaria de revelar este filme
أريد تحميض هذا الفيلم
u-riid taH-miiD ha-dha al-film

eu gostaria de uma cópia extra de algumas fotos
أريد نسخة إضافية من بعض الصور
u-riid nas-kha iDaa-fiy-ya min baAD al Su-war

três cópias dessa e duas dessa
ثلاثة نسخ من هذه ونسختان من هذه
tha-laa-that nu-sakh min ha-dhi-hi wa nus-kha-taan min ha-dhi-hi

posso imprimir minhas fotos digitais aqui?
هل يمكن طباعة الصُّور الرقميّة هنا؟
hal yum-kin Ti-baa-Aat al-Su-war al-ra-qa-miy-ya hu-na?

FOTOGRAFIAS

você poderia gravar essas fotos num CD para mim?
هل يمكن وضع نسخة من الصور على سي دي؟
hal yum-kin waDA nas-kha min al-Su-war Aa-la sii-dii?

vim buscar minhas fotos
أريد الحصول على صوري
u-riid al-Hu-Suul Aa-la Su-wa-rii

estou com um problema com a minha máquina fotográfica
يوجد عطل بالكاميرا
yuu-jad AuTl bil-ka-me-ra

não sei o que é
لا أدري ما هو
laa ad-rii maa hu-wa

o *flash* não funciona
الفلاش لا يعمل
al-flach laa yaA-mal

Compreendendo

تحميض الصور في خلال ساعة	revelação de fotos em uma hora
خدمة سريعة	serviço rápido
طبع الصور على سي دي	fotos em CD

ربما تكون البطّارية فاضية
rub-ba-ma ta-kuun al-baT-Taa-riy-ya faDi-ya
talvez a bateria tenha acabado

لدينا جهاز لطبع الصُور الرقميّة
la-day-na ji-haaz li-Ti-baa-Aat al-Su-war al-ra-qa-miy-ya
temos uma máquina para impressão de fotos digitais

ما هو الإسم من فضلك؟
maa hu-wa al-ism, min faD-lak?
qual o nome, por favor?

متى تريد استلام الصُور؟
ma-ta tu-riid is-ti-laam al-Su-war?
para quando as quer?

FOTOGRAFIAS

يمكن تحميض الصُور في خلال ساعة
yum-kin taH-miiD al-Su-war fii khi-laal saa-Aa
podemos revelá-las em uma hora

ستكون الصُور جاهزة يوم الخميس ظهراً
sa-ta-kuun al-Su-war jaa-hi-za yawm al-kha-miis Zuh-ran
suas fotos ficarão prontas na quinta-feira à tarde

FOTOGRAFIAS

BANCOS

ⓘ

Os bancos do mundo árabe costumam fechar no mais tardar às 15h. No Egito, por exemplo, a maioria dos bancos funciona das 8h30 às 14h. Geralmente os bancos funcionam de domingo à quinta-feira, ainda que em alguns países, como o Líbano, você possa encontrar bancos abertos também às sextas-feiras.

Os caixas eletrônicos estão espalhados em todo o mundo árabe, de forma que você não terá problemas para sacar dinheiro. Porém, algo que você deve verificar antes de viajar é a parceria de seu banco com os bancos dos países que está visitando. Isso pode ajudá-lo a economizar algumas taxas ao realizar operações, como trocar dinheiro, assim como direcioná-lo a um caixa eletrônico seguro para fazer saques.

Pode-se trocar dinheiro nos mercados, com um vendedor de rua ou nos bancos locais. Verifique primeiro a taxa de câmbio local, para poder discutir com o negociante antes de efetuar a transação. Em geral, a taxa dos mercados é melhor do que a dos vendedores de rua e dos bancos.

O básico

banco	بنك	bank
caixa eletrônico	ماكينة صراف آلي	maa-kii-nat Sar-raaf aa-lii
câmbio	تغيير	tagh-yiir
cartão de crédito	بطاقة ائتمان	bi-Taa-qat al-i'-ti-maan
cheque	شيك	chiik
conta bancária	حساب بنكي	Hi-saab ban-kii
moeda	عملة معدنية	Aum-la maA-da-niy-ya
notas (de dinheiro), cédulas	أوراق نقديّة	aw-raaq naq-diy-ya
sacar	يسحب	yas-Hab
saque	سحب	saHb
senha	الرقم الشخصي	al-ra-qam al-chakh-Sii
taxa de comissão	عمولة	Aumuu-la
transferência	تحويل	taH-wiil

transferir	يحوّل	yu-Haw-wil
traveler's checks	شيكات سياحيّة	chi-kaat si-yaa-Hiy-ya
trocar	يُغيّر	yu-ghay-yir

Expressando-se

onde posso trocar dinheiro?
أين أستطيع تغيير عملة؟
ay-na as-ta-TiiA tagh-yiir Aum-la?

os bancos ficam abertos aos sábados?
هل تعمل البنوك أيّام السبت؟
hal taA-mal al-bu-nuuk ay-yaam al-sabt?

estou procurando um caixa eletrônico
أنا أبحث عن ماكينة صرّاف آلي
ana ab-Hath Aan maa-kii-nat Sar-raaf aa-lii

eu gostaria de trocar 100 dólares
أريد تغيير مائة دولار
u-riid tagh-yiir ma-'at du-laar

que taxa de comissão vocês cobram?
عُمولتك كم؟
Aumul-tak kam?

eu gostaria de transferir dinheiro
أريد تحوّيل بعض الأموال
u-riid taH-wiil baAD al-am-waal

eu gostaria de informar a perda do meu cartão de crédito
أريد الإبلاغ عن فقد بطاقة إئتماني
u-riid al-ib-laagh Aan faqd bi-Taa-qat al-i'-ti-maan

o caixa eletrônico engoliu o meu cartão
ابتلعت ماكينة الصراف الآلي بطاقتي
ib-ta-la-Aat maa-kii-nat al-Sar-raaf al-aa-lii bi-Taa-qa-tii

Compreendendo

من فضلك، أدخل البطاقة
min faD-lak, ad-khil al-bi-Taa-qa
por favor, insira seu cartão

BANCOS

من فضلك أدخل رقمك الشخصى
min faD-lak, ad-khil raq-mak al-chakh-Sii
por favor, coloque sua senha

من فضلك اختر المبلغ الذي تريد سحبه
min faD-lak, ikh-tar al-mab-lagh al-lathi tu-riid saH-bah
por favor, selecione o valor para o saque

سحب مع إيصال
saHb maA ii-Saal
saque com recibo

سحب دون إيصال
saHb duun ii-Saal
saque sem recibo

من فضلك اختر المبلغ الذي تريده
min faD-lak, ikh-tar al-mab-lagh al-ladhii tu-rii-duh
por favor, selecione o valor desejado

معطّل – لا يعمل
mu-AaT-Tal – laa yaA-mal
em manutenção (*máquina fora de funcionamento*)

AGÊNCIAS DE CORREIO

Dentro do mundo árabe é relativamente fácil enviar correspondências, principalmente cartas e cartões-postais. No Egito e na maioria dos outros países, as agências de correio geralmente ficam abertas das 8h30 às 15h, diariamente, exceto às sextas-feiras. Algumas agências de correio do Cairo ficam abertas 24 horas por dia. As caixas de correio podem ser encontradas na maioria das esquinas, mas você deve prestar atenção à sua cor. No Egito, as caixas de correio vermelhas são destinadas a correspondências dentro do próprio país, as caixas azuis são para correspondências para fora do país e as verdes, para o Cairo. O envio de pacotes maiores às vezes é difícil por causa dos procedimentos alfandegários. Assim, se possível, leve com você ao correio um amigo falante de árabe. Na maioria das grandes cidades você encontrará também empresas internacionais de envio de pacotes e encomendas. No entanto, essas empresas geralmente cobram um preço mais alto e não necessariamente realizam a entrega num prazo mais curto.

O básico

agência de correio	مكتب بريد *mak-tab ba-riid*
caixa de correio	صندوق بريد *Sun-duuq ba-riid*
carta	خطاب *khi-Taab*
cartão-postal	بطاقة بريدية *bi-Taa-qa ba-rii-diy-ya*
código de endereçamento postal (CEP)	رمز بريدي *ramz ba-rii-dii*
correio	بريد *ba-riid*
correio aéreo	بريد جوى *ba-riid jaw-wii*
correspondência	بريد *ba-riid*
envelope	مظروف *maZ-ruuf*
enviar	يرسل *yur-sil*

escrever	يكتب	yak-tub
pacote	طرد	Tard
postar	يرسل بالبريد	yur-sil bil-ba-riid
selo	طابع بريد	Taa-biA ba-riid

Expressando-se

tem alguma agência de correio aqui perto?
هل يوجد مكتب بريد بالقرب من هنا؟
hal yuu-jad mak-tab ba-riid bil-qurb min hu-na?

tem alguma caixa de correio aqui perto?
هل يوجد صندوق بريد بالقرب من هنا؟
hal yuu-jad Sun-duuq ba-riid bil-qurb min hu-na?

a agência de correio abre aos sábados?
هل يعمل مكتب البريد أيام السبت؟
hal yaA-mal mak-tab al-ba-riid ay-yaam al-sabt?

a que horas fecha a agência de correio?
متى يغلق مكتب البريد؟
ma-ta yugh-liq mak-tab al-ba-riid?

vocês vendem selos?
هل تباع طوابع بريد هنا؟
hal tu-baaA Ta-waa-biA ba-riid hu-na?

eu queria ... selos para o Brasil, por favor
أريد ... طوابع بريد للبرازيل من فضلك
u-riid Ta-waa-biA ba-riid lil ba-ra-ziil, min faD-lak

quanto tempo vai demorar para chegar?
كم يستغرق الوقت حتى تصل؟
kam yas-tagh-riq al-waqt Hat-ta ta-Sil?

onde posso comprar envelopes?
أين يمكن شراء مظاريف؟
ay-na yum-kin chi-raa' ma-Zaa-riif?

tem correspondência para mim?
هل يوجد خطابات لي؟
hal yuu-jad khi-Ta-baat lii?

Compreendendo

آخر موعد لتجميع البريد	última coleta
احمل بعناية	manusear com cuidado
الراسل	remetente
قابل للكسر	frágil
أول تجميع البريد	primeira coleta

سيصل في مابين ثلاثة وخمسة ايام
sa-ya-Sil fii-ma bay-na tha-laa-tha wa kham-sat ay-yaam
vai levar entre três e cinco dias

AGÊNCIAS DE CORREIO

CYBERCAFÉS E E-MAIL

www

ⓘ

Dentro do mundo de língua árabe, o acesso à internet é bastante fácil, especialmente nos grandes centros urbanos. A maioria dos *cybercafés* e *lan houses* contém uma placa indicando INTERNET ou @.

Antes de usar a internet, você deve sempre checar o preço por meia hora ou uma hora, mesmo que haja uma tabela afixada. Além disso, tente controlar o tempo que usa a internet, para que não tenha de pagar uma taxa extra. Alguns *cybercafés* permitem que você se conecte usando seu próprio *laptop*.

A maioria dos teclados utilizados na região do Golfo tem o padrão inglês, QWERTY.

O básico

arroba	مفتاح علامة	*muf-taH Aa-la-mat*
colar	يضيف	*yu-Diif*
copiar	ينسخ	*yan-sakh*
cortar	يقص	*ya-quS*
deletar	يحذف	*yaH-dhif*
cybercafé	مقهى إنترنت	*maq-ha in-ter-net*
endereço de e-mail	عنوان البريد الإلكتروني	*Aun-waan al-ba-riid al-elek-tru-nii*
enviar um e-mail	يرسل إيميل	*yur-sil email*
fazer *download*	ينزّل	*yu-naz-zil*
passar *e-mail* para alguém	يرسل ايميل إلى ...	*yur-sil email ila ...*
receber	يتلقى	*ya-ta-laq-qa*
salvar	يحفظ	*yaH-faZ*
tecla	مفتاح	*muf-taH*
teclado	لوحة المفاتيح	*law-Hat al-ma-faa-tiiH*

Expressando-se

tem algum *cybercafé* aqui perto?
هل يوجد مقهى إنترنت قريب من هنا؟
hal yuu-jad maq-ha in-ter-net qa-riib min hu-na?

você tem *e-mail*?
هل لديك عنوان بريد إلكتروني؟
hal la-day-ka Aun-waan ba-riid elek-tru-nii?

como me conecto?
كيف يُمكن الدخول على الإنترنت؟
kay-fa yum-kin al-du-khuul Aa-la al-in-ter-net?

eu só queria ver meus *e-mails*
أريد فقط مراجعة بريدي الإلكتروني
u-riid fa-qaT mu-raa-ja-Aat ba-riid-ii al-elek-tru-nii

você se incomodaria de me ajudar? não sei direito o que fazer
هل تستطيع مساعدتي؟ ليس لديَّ خبرة كافية
hal tas-ta-TiiA mu-saa-Aa-da-tii? lay-sa la-day-ya khib-ra kaa-fiya

não consigo achar o arroba neste teclado
لا أعرف أين علامة @ على لوحة المفاتيح
laa aA-rif ay-na Aa-laa-mat Aa-la law-Hat al-ma-faa-tiiH

não está funcionando
هذا لا يعمل
ha-dha laa yaA-mal

tem algo errado com meu computador, está travado
يوجد مشكلة بالحاسوب. إنه لا يستجيب للأوامر
yuu-jad much-ki-la bil-Haa-suub. in-na-hu laa yas-ta-jiib lil-awaa-mir

quanto custa por meia hora?
كم يكلف الإستخدام لمدة نصف ساعة؟
kam yu-kal-lif al-is-tikh-dam li-mud-dat niSf saa-Aa?

quando pago?
متى يجب الدفع؟
ma-ta ya-jib al-dafA?

CYBERCAFÉS E E-MAIL

Compreendendo

البريد الوارد   caixa de entrada
الصادر البريد   caixa de saída

يجب عليك الإنتظار حوالي عشرين دقيقة
ya-jib Aa-lay-ka al-in-ti-Zaar Ha-waa-lii Aich-riin da-qii-qa
você terá de esperar por mais ou menos uns 20 minutos

يمكنك طلب مساعدة إذا لم تكن تعرف طريقة التشغيل
yum-ki-nak Ta-lab mu-saa-Aa-da idha lam ta-kun taA-rif Ta-riiq-at al-tach-ghiil
é só perguntar caso não saiba direito o que fazer

فقط أدخل كلمة السّر هذه للتسجيل
fa-qaT ad-khil ka-li-mat al-sirr ha-dhi-hi lil-tas-jiil
é só colocar esta senha para fazer o *log in*

TELEFONANDO

Os telefones públicos só podem ser usados para fazer chamadas, não para receber, já que não têm um número próprio. Todos eles aceitam cartões telefônicos ou moedas. Os cartões telefônicos podem ser adquiridos na maioria das lojas em geral, nas de *souvenirs* ou com vendedores de rua.

Usar seu telefone celular, porém, pode ser mais conveniente. Em alguns países, como a Síria, você pode conseguir um cartão SIM gratuito desde que ao mesmo tempo coloque um determinado valor de crédito. O número é ativado imediatamente e você poderá usar o telefone para chamadas locais e internacionais. Em outros países, como o Líbano, um cartão SIM é mais caro, mas você deve ponderar a conveniência de poder fazer ligações quando quiser sem ter que depender de encontrar um telefone público numa região desconhecida.

Alguns lugares oferecem chamadas internacionais a preços reduzidos, o que é frequentemente mais barato do que usar um cartão pré-pago. Para ligar para o Brasil, digite 00 55 mais o código de área (DDD) sem o 0 e, então, o número do telefone.

O básico

alô	أهلاً *ah-lan*
cabine telefônica	كشك تليفون *kuchk te-le-fuun*
cartão de recarga	كارت شحن *kart chaHn*
cartão telefônico	بطاقة اتصال هاتفي *bi-Taa-qat it-ti-Saal haa-te-fii*
chamada internacional	مكالمة دوليّة *mu-kaa-la-ma daw-liy-ya*
chamada local	مكالمة محليّة *mu-kaa-la-ma ma-Hal-liy-ya*
chamada nacional	مكالمة داخلية *mu-kaa-la-ma daa-khi-liy-ya*
ligação telefônica	مكالمة تليفونيّة *mu-kaa-la-ma te-le-fuu-niy-ya*
ligar para alguém	يتصل *yat-ta-Sil*

lista telefônica	دليل التليفون da-liil al-te-le-fuun
mensagem	رسالة ri-saa-la
número de telefone	رقم تليفون ra-qam te-le-fuun
páginas amarelas®	دليل الخدمات المهنية da-liil al-khid-maat al-miha-niy-ya
secretária eletrônica	جهاز الرد على المكالمات ji-haaz al-radd Aa-la al-mu-kaa-la-maat
serviço de informações	دليل التليفونات da-liil al-te-le-fuu-naat
telefone	تليفون te-le-fuun
telefone celular	محمول maH-muul
telefonema	مُكالمة mu-kaa-la-ma
toque do telefone	نغمة na-gha-ma

Expressando-se

onde posso comprar um cartão telefônico?
أين يمكن شراء بطاقة إتّصال هاتفي؟
ay-na yum-kin chi-raa' bi-Taa-qat it-ti-Saal haa-ti-fii?

um cartão de ... dólares para celular, por favor
بطاقة شحن للمحمول ... بدولارات من فضلك
bi-Taa-qat chaHn lil-maH-muul bi ... du-la-raat, min faD-lak

eu gostaria de fazer uma chamada a cobrar
أريد إجراء مكالمة يدفع ثمنها في المستقبل
u-riid ij-raa' mu-kaa-la-ma yud-faA tha-ma-na-ha fii al-mus-taq-bil

tem alguma cabine telefônica aqui perto, por favor?
هل يوجد كشك تليفون قريب من هنا من فضلك؟
hal yuu-jad kuchk te-le-fuun qa-riib min hu-na, min faD-lak?

posso pôr meu telefone para carregar aqui?
ممكن أوصّل شاحن تليفوني بالكهرباء هنا؟
mum-kin u-waS-Sil chaa-Hin te-le-fuu-nii bil-kah-raba hu-na?

você tem um número de celular?
هل لديك رقم محمول؟
hal la-day-ka ra-qam maH-muul?

onde posso ligar para você?
أين أستطيع الإتصال بك؟
ay-na as-ta-TiiA al-it-ti-Saal bik?

você recebeu minha mensagem?
هل وصلتك رسالتي؟
hal wa-Sa-lat-ka ri-saa-la-tii?

Compreendendo

الرقم الذي طلبته لم يتم التعرف عليه
al-ra-qam al-la-dhii Ta-lab-tah lam ya-timm al-ta-Aar-ruf Aa-layh
o número chamado não existe

من فضلك. إضغط على زر الإعادة
min faD-lak. iD-ghaT Aa-la zirr al-iAa-da
por favor, digite a tecla com o símbolo #

FAZENDO UMA LIGAÇÃO

Expressando-se

alô, aqui é o ...
أهلاً! أنا ...
ah-lan! ana ...

alô, posso falar com ..., por favor?
أهلاً! هل ممكن أن أتحدث إلى ... من فضلك؟
ah-lan! hal mum-kin an ata-Had-dath ila ... min faD-lak?

alô, é o Muhammad?
أهلاً! هل أنت محمد؟
ah-lan! hal an-ta mu-Ham-mad?

você fala inglês?
هل تتحدث إنجليزي؟
hal ta-ta-Had-dath in-glii-zii?

poderia falar mais devagar, por favor?
تحدث ببطئ أكثر لو سمحت؟
ta-Had-dath bi-buT' ak-thar, law sa-maHt?

não estou conseguindo ouvir, poderia falar mais alto, por favor?
لا أستطيع سماعك. هل ممكن أن ترفع صوتك من فضلك؟
laa as-ta-TiiA sa-maa-Aak. hal mum-kin an tar-faA Saw-tak, min faD-lak?

poderia dizer a ele/ela que eu liguei?
هل ممكن أن تخبره/تخبرها أننى اتّصلتُ؟
hal mum-kin an tukh-bir-hu/takh-bir-ha an-na-nii it-ta-Salt?

poderia pedir a ele/ela para me ligar de volta?
هل ممكن أن تطلب منه/منها الإتّصال بي لاحقاً؟
hal mum-kin an taT-lub min-hu/min-ha al-it-ti-Sal bii laa-Hi-qan?

volto a ligar mais tarde
سأتّصل لاحقاً
sa-at-ta-Sil laa-Hi-qan

meu nome é ... e meu número de telefone é ...
إسمي ... ورقمي هو ...
is-mii ... wa raq-amii hu-wa ...

saberia me dizer quando posso falar com ele/ela?
ما هو الوقت المناسب للإتّصال به/بها؟
maa hu-wa al-waqt al-mu-naa-sib lil-it-ti-Saal bi-hii/bi-ha?

obrigado(a), até logo
شكراً! مع السلامة
chuk-ran. mAa al-sa-laa-ma!

Compreendendo

من المُتَحدِّث؟
man al-mu-ta-Had-dith?
quem está falando?

لقد اتّصلتَ بالرقم الخطأ
la-qad it-ta-Sal-ta bil-ra-qam al-kha-TA'
você ligou errado

هو/هي ليس/ليست هنا الان
hu-wa/hi-ya lay-sa/lay-sat hu-na al-'aan
ele/ela não está no momento

هل تُريدُ ترك رسالة؟
hal tu-riid tark ri-saa-la?
quer deixar recado?

سوف أخبرُه/أخبرُها أنَّك اتَّصلتَ
saw-fa ukh-bir-hu/ukh-bir-ha an-na-ka it-ta-Salt
direi a ele/ela que você ligou

سوف أطلب منه/منها الإتصال بك لاحقاً
saw-fa aT-lub min-hu/min-ha al-it-ti-Saal bi-ka laa-Hi-qan
direi a ele/ela para retornar a ligação

انتظر!
in-ta-Zir!
um momento!/aguarde!

سوف أعطيه/أعطيها لك
saw-fa uA-Tii-hi/uA-Tii-ha lak
vou passar para ele/ela

PROBLEMAS

Expressando-se

não sei o código (DDD)
لا أعرفُ مفتاح المدينة
laa aA-rif muf-taH al-ma-dii-na

está ocupado
الخط مشغول
al-khaTT mach-ghuul

não está atendendo
ليس هناك رد
lay-sa hu-naa-ka radd

não consegui ligar
لم أستطع الإتَّصال
lam as-ta-TiA al-it-ti-Saal

não tenho muito crédito no meu telefone
ليس لدي رصيد كافي
lay-sa la-day-ya ra-Siid kaa-fii

logo a linha vai cair
الخط على وشك الإنقطاع
al-khaTT Aa-la wa-chak al-in-qi-TaaA

a recepção está muito ruim
الإستقبال سيّئ للغاية
al-is-tiq-baal say-yi' lil-ghaay-ya

não estou conseguindo sinal
لا أستطيع التقاط الشبكة
laa as-ta-TiiA il-ti-qaaT al-cha-ba-ka

Compreendendo

أنا أسمعك بصعوبة
ana as-ma-Aak bi-Su-Auu-ba
quase não consigo ouvi-lo

الخط سيئ
al-khaTT say-yi'
a linha está ruim

> **Abreviaturas comuns**
> ت. عمل Aa-mal = telefone comercial
> ت. منزل man-zil = telefone residencial
> ت. محمول maH-muul = telefone celular

SAÚDE

Antes de embarcar, você deve verificar com seu médico se precisa tomar alguma vacina. Viajar pelo norte da África e Oriente Médio geralmente é seguro; entretanto, algumas regiões são consideradas áreas de risco de malária ou febre amarela, portanto é bom tomar as devidas precauções.

Na maioria das grandes cidades o atendimento médico para casos não emergenciais é razoável. Ao sair das zonas turísticas ou ir para regiões menos populosas, o acesso a atendimento médico torna-se mais limitado, de modo que é aconselhável levar consigo alguns medicamentos básicos, como analgésicos.

Consultar-se com um médico no Egito é fácil. Se você não conhecer ninguém no país que possa indicar-lhe um médico particular, poderá ir a um hospital e ser atendido lá. Se, porém, andando pelas ruas, você encontrar um consultório médico, poderá entrar e marcar uma consulta. É aconselhável fazer um seguro-viagem e verificar quais médicos e hospitais o aceitam.

As farmácias em geral ficam abertas até tarde da noite na maioria dos dias da semana. Se você estiver se sentindo mal, mas não o suficiente para ir a um médico, o farmacêutico poderá lhe sugerir um remédio que não precise de receita médica.

O básico

alergia	حساسية *Ha-sa-siy-ya*
ambulância	إسعاف *is-Aaaf*
analgésico	مسكن للألم *mu-sak-kin li-la-lam*
aspirina	اسبرين *as-bi-riin*
***band-aid*®**	لاصق طبى *laa-Siq Tib-bi*
clínico geral	ممارس عام *mu-maa-ris Aaam*
comprimido	أقراص *aq-raaS*
dentista	طبيب الأسنان *Ta-biib as-naan*
desinfetar	يطهر *yu-Tah-hir*
desmaiar	يشعر بإغماء *yach-Aur bi-igh-maa'*

diarreia	إسهال *is-haal*
erupção	طفح جلدى *TafH jil-dii*
espinha	بقعة *buq-Aa*
farmácia	صيدلية *Say-da-liy-ya*
febre	حرارة *Ha-raa-ra*
ginecologista	طبيب أمراض نساء *Ta-biib am-raaD ni-sa'*
hospital	مستشفى *mus-tach-fa*
infecção	عدوى *Aad-wa*
intoxicação alimentar	تسمم غذائى *ta-sam-mum ghi-dha-'ii*
medicamento	دواء *da-waa'*
médico	طبيب *Ta-biib*
menstruação	دورة شهرية *daw-ra chah-riy-ya*
preservativo	عازل طبي *Aa-zil Tib-bi*
pronto-socorro	قسم الطوارئ *qism al-Ta-waa-ri'*
quebrado	مكسور *mak-suur*
queimadura de sol	لفحة شمس *laf-Hit chams*
radiografia	أشعة إكس *achiA-Aat écs*
sangue	دم *damm*
vacina	تطعيم *taT-Aiim*
vomitar	يتقيأ *ya-ta-qay-ya'*

Expressando-se

alguém, por acaso, tem uma aspirina/um absorvente interno/um band-aid®?

هل يوجد أحد لديه أسبرين/فوطه صحية نسائية/لاصق طبى؟

hal yuu-jad aHad la-day-hi as-bi-riin/fuu-Ta SiH-Hiy-ya ni-saa-'iya/laa-Siq Tib-bi?

preciso falar com um médico

أريد رؤية طبيب

u-riid ru'-yat Ta-biib

onde posso achar um médico?

أين أستطيع إيجاد طبيب؟

ay-na as-ta-TiiA ii-jaad Ta-biib?

eu gostaria de marcar uma consulta para hoje

أريد تحديد موعد اليوم

u-riid taH-diid maw-Aid al-yawm

o mais rápido possível
بأسرع ما يمكن
bi-as-raA maa yum-kin

não, não tem problema
لا. ليس مهما
laa. lay-sa mu-him-man

poderia mandar uma ambulância para ...
ممكن إرسال سيارة إسعاف إلى ...
mum-kin ir-saal say-ya-rat is-Aaaf ila ...

quebrei meus óculos
إنكسرت نظارتي
in-ka-sa-rat naZ-Zaa-ratii

perdi uma lente de contato
فقدت عدسة لاصقة
fa-qad-tu Aa-da-sa laa-Si-qa

Compreendendo

عيادة طبيب
Aiya-dat Ta-biib
consultório médico

روشتة (تذكرة طبية)
ru-chit-ta (tadh-ka-ra Tib-biy-ya)
receita médica

قسم الطوارئ
qism al-Ta-waa-ri'
pronto-socorro

لا يوجد موعد متاح حتى يوم الخميس
laa yuu-jad maw-Aid mu-taaH Hat-ta yawm al-kha-miis
não há horários para consultas até quinta-feira

هل يوم الجمعة الساعة الثانية ظهرا مناسب؟
hal yawm al-jum-Aa al-saa-Aa al-tha-ni-ya Zuh-ran mu-naa-sib?
sexta-feira, às 2h da tarde está bom?

SAÚDE

NO MÉDICO OU NO HOSPITAL

Expressando-se

tenho uma consulta com o dr. ...
لدى موعد مع دكتور ...
la-day-ya maw-Aid mAa duk-tuur ...

não estou me sentindo muito bem
أشعر بأنى لست على مايرام
ach-Aur bi-an-ni las-tu Aa-la ma-yu-raam

eu me sinto muito fraco
أشعر بضعف شديد
ach-Aur bi-DuAf cha-diid

não sei o que é
لاأعرف ماهو بالضبط
laa aA-rif maa hu-wa bil-DabT

fui mordido/picado por ...
لدغتنى – قرصتنى ...
la-da-ghat-nii/qa-ra-Sat-nii ...

estou com dor de cabeça
أشعر بصداع
ach-Aur bi-Su-daaA

estou com dor de estômago/dor de dente
أشعر بألم في المعدة/بألم فى الأسنان
ach-Aur bi-alam fii al-ma-Ai-da/bi-alam fii al-as-naan

peguei dor de garganta
أشعر بألم فى الحلق
ach-Aur bi-alam fii al-Halq

minhas costas estão doendo
ظهري يؤلمنى
Zah-rii yu'-lim-nii

isso dói
هذا يؤلم
ha-dha yu'-lim

dói aqui
الألم هنا
al-alam hu-na

estou com enjoo
أشعر بالغثيان
ach-Aur bil-gha-tha-yaan

está piorando
الحالة تزداد سوء
al-Haa-la taz-daad suu'

há três dias
منذ حوالي ثلاث أيام
mun-dhu Ha-waa-lii tha-laath ay-yaam

começou ontem à noite
بدأ منذ الليلة الماضية
ba-da'a mun-dhu al-lay-la al-maa-Di-ya

isto nunca me aconteceu antes
لم يحدث لي هذا مطلقا
lam yaH-duth lii ha-dha muT-la-qan

estou com febre
لدي ارتفاع في درجة الحرارة
la-day-ya ir-ti-faaA fii da-ra-jat al-Ha-raa-ra

tenho asma
أعاني من الربو (أزما)
u-Aaa-nii min al-ra-buu (az-ma)

tenho um problema cardíaco
أنا مريض بالقلب
ana ma-riiD bil-qalb

estou tomando antibiótico há uma semana, mas não estou melhorando
أخذت مضاد حيوي لمدة أسبوع ولا أشعر بتحسن
a-khadh-tu mu-daaD Ha-ya-wii li-mud-dat us-buuA wa laa ach-Aur bi-ta-Has-sun

coça aqui
أشعر بالحكّة في هذا المكان
ach-Aur bil-Hak-ka fii ha-dha al-ma-kaan

SAÚDE

eu tomo pílula (*anticoncepcional*)
أنا أتناول حبوب منع الحمل
ana ata-naa-wal Hu-buub manA al-Haml

estou grávida de ... meses
أنا حامل في الشهر ...
ana Haa-mil fii al-chahr ...

sou alérgico a penicilina
عندي حساسية ضد البنسلين
Ain-dii Ha-sa-siy-ya DiD al-bin-si-liin

torci o tornozelo
انجزع مفصل قدمي
in-ja-zaA mif-Sal qa-da-mii

eu caí e machuquei as minhas costas
سقطت وأصيب ظهري
sa-qaT-Tu wa uu-Sii-ba Zah-rii

tive um desmaio
فقدت الوعي لفترة
fa-qad-tu al-waAy li-fat-rah

perdi uma obturação
سقط الحشو من احدى أسناني
sa-qa-Ta al-Ha-chuu min iH-da as-naa-nii

é grave?
هل هو خطير؟
hal hu-wa kha-Tiir?

é contagioso?
هل هو معدي؟
hal hu-wa muA-dii?

como ele/ela está?
كيف حاله/حالها؟
kay-fa Haa-luh/Haa-la-ha?

quanto lhe devo?
كم يجب على أن أدفع؟
kam ya-jib Aa-lay-ya an ad-faA?

poderia me dar um recibo, pois assim posso conseguir o reembolso?
ممكن آخذ إيصال حتى استرد المبلغ؟
mum-kin aa-khudh ii-Saal Hat-ta as-ta-rid al-mab-lagh?

Compreendendo

تفضل بالجلوس في حجرة الإنتظار
ta-faD-Dal bil-ju-luus fii Huj-rat al-in-ti-Zaar
fique à vontade, sente-se na sala de espera

أي مكان يؤلمك؟
ay ma-kaan yu'-li-mak/yu'-li-mik?
onde dói?

خذ نفس عميق
khudh na-fas Aa-miiq
respire fundo

استلقي على ظهرك من فضلك
is-tal-qii Aa-la Zah-rak/Zah-rik, min faD-lak
deite-se, por favor

هل تشعر بالألم حين أضغط هنا؟
hal tach-Aur/tach-Au-riin bil-alam Hii-na aD-ghaT hu-na?
dói quando eu aperto aqui?

هل تم تطعيمك ضد ...؟
hal tam-ma taT-Aii-mak Did ...?
você é vacinado contra ...?

هل لديك حساسية ضد ...؟
hal la-day-ka/la-day-ki Ha-sa-siy-ya Did ...?
você é alérgico ...?

هل تأخذ أدوية أخرى؟
hal ta'-khudh ad-wi-ya ukh-ra?
você está tomando algum outro medicamento?

سأكتب لك روشته) تذكرة طبية)
sa-'ak-tub la-ka ru-chit-ta (tadh-ka-ra Tib-bi-ya)
vou lhe dar uma receita

سيزول الألم خلال أيام
sa-ya-zuul al-alam khi-laal ay-yaam
a dor deve passar em alguns dias

سيندمل الجرح بسرعة
sa-yan-da-mil al-jurH bi-sur-Aa
o machucado deve sarar logo

ستحتاج الى عملية جراحية
sa-taH-taaj ila Aa-ma-liy-ya ji-raa-Hiy-ya
vai ser preciso fazer uma cirurgia

تفضل بالعودة لترانى بعد أسبوع
ta-faD-Dal bil-Aaw-da li-ta-raa-nii baA-da us-buuA
volte daqui a uma semana

NA FARMÁCIA

Expressando-se

eu queria uma caixa de *band-aid*®, por favor
أريد علبة لاصق طبى من فضلك
u-riid Aul-bat laa-Siq Tib-bi, min faD-lak

quero um remédio para resfriado forte
أريد علاج لنزلة برد شديدة
u-riid Ai-laaj li-naz-lat bard cha-dii-da

preciso de um remédio para tosse
أريد علاجاً للكحة!
u-riid Ai-laaj lil-kuH-Ha

sou alérgico a aspirina
عندي حساسية ضد الأسبرين
Ain-dii Ha-sa-siy-ya Did al-as-bi-riin

eu gostaria de tentar um remédio homeopático
أريد تجربة العلاج بالمثل) الهوميوبثى(
u-riid taj-ri-bat al-Ai-laaj bil-mithl (ho-meo-pa-thy)

eu queria um frasco de solução para lentes de contato gelatinosas

اريد زجاجة محلول طبي لعدساتي اللاصقة

u-riid zu-jaa-jat maH-luul Tib-bi li-Aa-da-saa-tii al-laa-Si-qa

Compreendendo

يضع	aplicar
يباع فقط على الروشتة	venda somente com receita médica
كبسولات	cápsula
مخاطر الدواء	contraindicações
كريم	creme
مرهم	pomada
أعراض جانبية محتملة	possíveis efeitos colaterais
بودرة	pó
(لبوس (أقماع	supositórios
شراب	xarope
أقراص	comprimido
يؤخذ يوميا ثلاث مرات قبل الأكل	tomar três vezes ao dia, antes das refeições

SAÚDE

PROBLEMAS E EMERGÊNCIAS !

Tome cuidado com os batedores de carteira, principalmente nas áreas turísticas. Se você perder algo num mercado ou estiver sendo importunado por alguém, deverá procurar por um policial de turismo, que são bem fáceis de identificar. Eles podem ser encontrados na maioria das zonas turísticas maiores e podem ser identificados por meio de seus uniformes, que têm uma tarja no braço com a insígnia "tourist police" ou "police" nas costas, escrito em inglês e em árabe. Embora a palavra bu-liis seja amplamente utilizada para designar a polícia, a palavra formal é chur-Ta. Ambas as palavras são compreendidas.

O básico

acidente	حادث Haa-dith
ambulância	إسعاف is-Aaaf
atrasado, tarde	متأخر mu-ta-'akh-khir
bombeiros	المطافي al-ma-Taa-fii
deficiente	معاق mu-Aaq
doente	مريض ma-riiD
emergência	طوارئ Ta-waa-ri'
ferido	مصاب muu-Sab
fogo	حريق Ha-riiq
hospital	مستشفى mus-tach-fa
médico	طبيب Ta-biib
polícia	شرطة chur-Ta
quebrado	مكسور mak-suur

Expressando-se

você pode me ajudar, por favor?
ممكن ان تساعدنى من فضلك؟
mum-kin an tu-saa-Aidnii, min faD-lak?

socorro!
النجدة!
al-naj-da!

fogo!
حريق!
Ha-riiq!

cuidado!
إحذر!
iH-dhar!

é uma emergência!
إنها حالة طوارئ!
in-na-ha Haa-lat Ta-waa-ri'!

poderia me emprestar seu telefone, por favor?
ممكن أستعير تليفونك لوسمحت؟
mum-kin as-ta-Aiir te-le-fuu-nak, law sa-maHt?

ocorreu um acidente
كان هناك حادث
kaa-na hu-naa-ka Haa-dith

alguém aqui fala inglês?
هل يوجد احد هنا يتحدث إنجليزي؟
hal yuu-jad aHad hu-na ya-ta-Had-dath in-glii-zii?

preciso entrar em contato com o consulado do Brasil
أريد أن أتصل بالقنصلية البرازيلية
u-riid an at-ta-Sil bil-qun-Su-liy-ya al-ba-ra-zii-liy-ya

onde fica a delegacia de polícia mais próxima?
أين أقرب قسم شرطة هنا
ay-na aq-rab qism chur-Ta hu-na?

o que tenho de fazer?
ماذا يجب أن أفعل
maa-dha ya-jib an af-Aal?

meu passaporte/cartão de crédito foi roubado
سُرق جواز سفري ـ بطاقة إئتماني
sur-qa ja-waaz sa-fa-rii/bi-Taa-qat al-i-ti-ma-nii

PROBLEMAS E EMERGÊNCIAS

minha bolsa foi roubada
خُطفت حقيبة يدي
khu-Ti-fat Ha-qii-bat ya-dii

perdi ...
فَقَدتُ ...
fa-qad-tu ...

fui atacado
تَعرضتُ لإعتداء
ta-Aar-raD-tu li-iA-ti-daa'

meu filho/minha filha desapareceu
تاه ابني تاهت إبنتي
ta-ha ib-nii/ta-hat ib-na-tii

meu carro foi guinchado
سحب الونش سيارتي
sa-Ha-ba al-winch say-ya-ra-tii

meu carro quebrou
تعطّلت سيّارتي
Ta-AaT-Ta-lat say-ya-ra-tii

meu carro foi arrombado
تم كسر سيّارتي وسرقتها
tam-ma kasr say-ya-ra-tii wa sa-ri-qat-ha

tem um homem me seguindo
هناك رجل يتبعني
hu-naa-ka ra-jul yat-baA-nii

tem acesso para deficientes?
هل هناك مدخل للمعاقين؟
hal hu-naa-ka mad-khal lil-mu-Aaa-qiin?

você pode dar uma olhadinha nas minhas coisas por um minuto?
هلا يمكنك ملاحظة أمتعتي للحظة؟
hal yum-ki-nak mu-laa-Ha-Zat am-tiAa-tii li-laH-Za?

ele está se afogando, chame ajuda!
إنه يغرق. اطلب النجدة!
in-na-hu yagh-raq. uT-lub al-naj-da!

Compreendendo

احذر الكلاب!
ih-dhar al-ki-laab!
cuidado com os cães!

احذر الألغام
ih-dhar al-al-ghaam
cuidado com as minas

خدمة طوارىء السيّارات المعطّلة
khid-mat Ta-waa-ri' al-say-ya-raat al-mu-Aat-Ta-la
socorro mecânico

مخرج الطوارىء
makh-raj al-Ta-waa-ri'
saída de emergência

أمتعة مفقودة
am-ti Aa maf-quuda
achados e perdidos

شرطة الإنقاذ النهري
chur-Tat al-in-qaadh al-nah-rii
polícia de resgate fluvial

معطّل
mu-Aat-Tal
fora de serviço

خدمات شرطة الطوارىء
khid-mat chur-Tat al-Ta-waa-ri'
serviços de emergência policial

POLÍCIA

Expressando-se

eu gostaria de denunciar um roubo
أريد أن أبلّغ عن شيئ مفقود
u-riid an u-bal-ligh Aan chay' maf-quud

preciso de um documento da polícia para minha companhia de seguro
أريد مستند رسمي من الشرطة لشركة التأمين
u-riid mus-ta-nad ras-mi min al-chur-Ta li-cha-ri-kat al-ta'-miin

Compreendendo

Preenchendo formulários

العائلة إسم	sobrenome
الإسم الأول	nome
عنوان	endereço
الرمز البريدي	código de endereçamento postal (CEP)
البلد	país
الجنسية	nacionalidade
تاريخ الميلاد	data de nascimento
الميلاد محل	local de nascimento
السن	idade
مدة الإقامة	duração da estadia
تاريخ الوصول - المغادرة	data da chegada/partida
المهنة	profissão
رقم جواز السفر	número do passaporte

هناك جمارك على هذا
hu-naa-ka ja-maa-rik Aa-la ha-dha
é preciso pagar uma taxa alfandegária sobre esse item

افتح هذه الشنطة من فضلك؟
if-taH ha-dhi-hi al-chan-Ta, min faD-lak?
poderia abrir essa bolsa, por favor?

ماذا فقدتَّ؟
maa-dha fa-qad-ta?
o que está faltando?

متى حدث هذا؟
ma-ta Ha-da-tha ha-dha?
quando aconteceu isso?

أين تقيم؟
ay-na tu-qiim?
onde você está hospedado?

ممكن توصفه - توصفها؟
mum-kin tuw-Sif-hu/tuw-Sif-ha?
poderia descrevê-lo(a)?

املأ هذا النموذج من فضلك
im-la' ha-dha al-na-muu-dhaj, min faD-lak
preencha este formulário, por favor

قم بالتوقيع هنا من فضلك؟
qum bi al-taw-qiiA hu-na, min faD-lak
assine aqui, por favor

Algumas expressões informais
قبضت الشرطة عليّ *qa-ba-Dat al-chur-Ta Aa-lay-ya* fui detido pela polícia
عسكري مرور *As-ka-rii mu-ruur* guarda de trânsito
عسكري *As-ka-rii* guarda
ضابط شرطة *Da-biT chur-Ta* oficial de polícia
حرامي *Ha-raa-mii* ladrão
نشّال *nach-chaal* batedor de carteiras

PROBLEMAS E EMERGÊNCIAS

HORA E DATA

ℹ️

O calendário lunar islâmico é importante, pois mostra as datas das festas religiosas islâmicas ao longo do ano. Apesar disso, embora a maioria dos habitantes do Egito seja islâmica, ao se referir a datas, eles tendem a usar o calendário gregoriano.

HORA

O básico

à noite	في المساء fii al-ma-saa'
agora	الحين al-Hiin
ainda	ما زال ma-zaal
ainda não	ليس بعد lay-sa baAd
ano	عام Aam
antes	قبل qabl
após	بعد baAd
às vezes	في بعض الاوقات fii baAD al-aw-qaat
até	حتّى Hat-ta
cedo	مبكّراً mu-bak-ki-ran
de ... a ...	من ... الى ... min ... ila...
de tempos em tempos	بين الحين والأخرى bayn al-Hiin wa al-ukh-raa
de vez em quando	أحياناً aH-yan-an
desde	منذُ mundh
dia	يوم yawm
durante	أثناء ath-na'
em meados de	خلال khi-laal
em um instante	لوقت قصير li waqt qa-Siir
entre ... e ...	ما بين ...و... ma bayn... wa...
fim de semana	نهاية الأسبوع ni-haa-yat al-us-buuA
frequentemente	غالباً ghaa-li-ban
imediatamente	حالاً Haa-lan

já	بالفعل	bil-fiAl
logo	قريباً	qa-rii-ban
manhã	صباح	Sa-baaH
meia-noite	منتصف الليل	mun-ta-Saf al-layl
meio-dia	وقت الظهيرة	waqt al-Za-hii-ra
mês	شهر	chahr
na hora do almoço	في وقت الغذاء	fii waqt al-gha-dha'
no começo/fim de	في بداية/نهاية	fii bi-daa-yat/ni-haa-yat
no momento	الآن	al-'aan
noite	ليل	layl
nunca	مطلقاً	muT-la-qan
por muito tempo	لمدة طويلة	li-mud-da Ta-wii-la
próximo	قادم	qaa-dim
raramente	نادراً	naa-di-ran
recentemente	مؤخراً	mu'akh-kha-ran
semana	أسبوع	us-buuA
sempre	دائماً	daa'-i-man
tarde (adj)	متأخر	mu-ta-'akh-khir
tardinha, noite	مساء	ma-saa-an
último	ماضي	maa-Dii

Expressando-se

até logo!
أراك قريباً
araa-ka qa-rii-ban

até mais tarde!
أراك فيما بعد!
araa-ka fii-ma baAd!

até segunda-feira!
يوم الإثنين أراك!
araa-ka yawm al-ith-nayn!

bom fim de semana!
أتمنى لك وقت ممتع في عطلة نهاية الأسبوع
a-ta-man-na la-ka waqt mum-tiA fii AuT-lat ni-haa-yat al-us-buuA!

HORA E DATA

desculpe, estou atrasado(a)
آسف على التأخير
aa-sif / aa-si-fa Aa-la al-ta'-khiir

ainda não cheguei ao lugar
لم أصل الى المكان بعد
lam a-Sil ila al-ma-kaan baAd

não tive tempo para ...
لم يكن لدي وقت لـ ...
lam ya-kun la-day-ya waqt li ...

estou com bastante tempo
لديّ متّسع من الوقت
la-day-ya mut-ta-saA min al-waqt

estou com pressa
أنا مستعجل
ana mis-taA-jil

rápido!
أسرع!
as-riA!

só um minuto, por favor
انتظر دقيقة من فضلك
in-ta-Zir da-qii-qa, min faD-lak

dormi tarde
نمتُ متأخراً
nim-tu mu-ta'akh-khi-ran

levantei muito cedo
استيقظتُ مبكراً جداً
is-tay-qaZ-tu mu-bak-ki-ran jid-dan

esperei séculos
انتظرتُ طويلاً
in-ta-Zar-tu Ta-wii-lan

tenho de acordar muito cedo amanhã para pegar o meu voo
يجب أن أستيقظ مبكراً غداً لألْحَق موعد الطائرة
ya-jib an as-tay-qiZ mu-bak-ki-ran gha-dan li-al-Haq maw-Aid al-Taa-'i-rah

só temos mais quatro dias
لم يتبقَّ لدينا هنا سوي أربعة أيّام
lam ya-ta-baq-qa la-day-na hu-na su-wa ar-baAat ay-yaam

A DATA

O básico

amanhã	غداً gha-dan
amanhã de manhã/ à tarde/à noite	مساء الغدُ/بعد ظهر الغد/صباح الغدُ Sa-baaH al-ghad/baAd Zuhr al-ghad/ma-saa' al-ghad
anteontem	أمس الأول ams al-aw-wal
dentro de dois dias	في غضون يومين fii ghu-Duun yaw-mayn
depois de amanhã	بعد غد baAd ghad
em meados de ...	خلال ... khi-laal ...
há ...	منذُ ... mundh ...
hoje	اليوم al-yawm
na noite passada	ليلة أمس lay-lat ams
no início/final de ...	في نهاية/بداية ... fii bi-daa-yat/ni-haa-yat ...
ontem	أمس ams
ontem de manhã/ de tarde/de noite	مساء أمس/بعد ظهر أمس/صباح أمسْ Sa-baaH ams/baAd Zuhr ams/ma-saa' ams

Expressando-se

nasci em 1975
وُلدتُ عام1975
wu-lid-tu Aam alf wa tisAu-mi-'a wa kham-sa wa sab-Aiin

eu vim aqui há alguns anos
جئتُ الى هنا منذ بضع سنين
ji'-tu ila hu-na mun-dhu biDA si-niin

passei um mês aqui no último verão
قضيت شهراً هنا الصيف الماضي
qa-Day-tu chah-ran hu-na al-Sayf al-maa-Dii

137

estive aqui no ano passado nesta mesma época
جئت الى هنا في نفس الوقت من العام الماضي
ji'-tu ila hu-na fii nafs al-waqt min al-Aam al-maa-Dii

qual a data de hoje?
ما هو تاريخ اليوم؟
ma hu-wa taa-riikh al-yawm?

que dia é hoje?
في أي يوم نحن؟
fii ayy yawm naH-nuu?

é 1º de maio
إنه الأوّل من مايو
in-na-hu al-aw-wal min maa-yuu

vou ficar até domingo
سأبقى هنا حتى يوم الأحد
sa-'ab-qa hu-na Hat-ta yawm al-aHad

vamos embora amanhã
سنغادر غداً
sa-nu-ghaa-dir gha-dan

já tenho planos para terça-feira
أنا مشغول يوم الثلاثاء
ana mach-ghuul yawm al-thu-la-thaa'

Compreendendo

مرة/مرتان
mar-ra/mar-ra-taan
uma vez/duas vezes

ثلاث مرّات في السّاعة/اليوم
tha-laath mar-rat fii al-saa-Aa/al-yawm
três vezes por hora/por dia

كل يوم
kull yawm
todo dia

كل يوم أحد
kull yawm aHad
todo domingo

تم بناؤه في مُنْتَصف القرن التاسع عشر
tam-ma bi-naa-uh fii mun-ta-Saf al-qarn al-taa-siA Aa-char
foi construído em meados do século XIX

يكون المكان هنا مُزدَحم بالصيف
ya-kuun al-ma-kaan hu-na muz-da-Him bil Sayf
aqui fica muito cheio no verão

متى ستُغادِر
ma-ta sa-tu-ghaa-dir?
quando você vai embora?

الى متى ستظلّ هنا
a ma-ta sa-ta-Zall/sa-ta-Zal-liin hu-na?
quanto tempo você vai ficar?

A HORA

Se alguém lhe perguntar que horas são (*al-saa-Aa kaam?*), você poderá simplesmente responder com o número de horas, como, por exemplo, *waa-Hi-da* para uma hora. Em árabe designam-se as horas com a escala de 12 horas, sendo o contexto geralmente suficiente para esclarecer se o falante refere-se a uma hora da manhã ou da tarde/noite. Se for necessário fazer expressamente a distinção, diga, por exemplo, *waa-Hi-da Sa-baa-Han* (uma da manhã), *wa-Hi-da Zuh-ran* (uma da tarde) ou *al-saa-bi-Aa ma-saa 'an* (sete da noite).

Algumas expressões informais
في الساعة اتنين بالضبط *fii al-saa-Aa it-nayn biZ-ZabT* às 2h em ponto
السّاعة دلوقت تمانية وشوية *al-saa-Aa dil-wa'-ti al-thaa-mi-na wa chu-wiy-ya*
são agora oito e pouco

O básico

à tarde	بعد الظُّهر baAd al-Zuhr
cedo	مبكِّراً mu-bak-ki-ran
de manhã	في الصَّباح fii al-Sa-baaH
meia hora	نِصف ساعة niSf saa-Aa
meia-noite	مُنتصف اللَّيل mun-ta-Saf al-layl
meio-dia	وقت الظُّهر waqt al-Zuhr
na hora	في الوقت المُحَدَّد fii al-waqt al-mu-Had-dad
quarto de hora (15 minutos)	رُبع ساعة rubA saa-Aa
tarde (adj)	متأخِّر mu-ta' akh-khir
três quartos de hora (45 minutos)	ثلاث أرباع الساعة tha-laath ar-baA al-saa-Aa

Expressando-se

que horas são?
كَم السَّاعة الآن؟
kam al-saa-Aa al-aan?

você tem horas, por favor?
من فضلك! كَم السَّاعة الآن؟
min faD-lak, kam al-saa-Aa al-aan?

são 3h em ponto
السَّاعة الآن الثَّالِثة بالضبط
al-saa-Aa al-aan al-thaa-li-tha bil-DabT

é quase 1h
الساعة الآن الواحِدة تقريباً
al-saa-Aa al-aan al-waa-Hi-da taq-rii-ban

é 1 e 10
الساعة الآن الواحدة وعشر دقائق
al-saa-Aa al-aan al-waa-Hi-da-wa Achr da-qaa-'iq

é 1 e 15
الساعة الآن الواحدة والرُّبع
al-saa-Aa al-aan al-waa-Hi-da wa al-rubA

HORA E DATA

140

são 15 para a 1
السَّاعة الأن الواحدة إلا ربع
al-saa-Aa al-aan al-waa-Hi-da il-la rubA

é meio-dia e 20
الساعة الأن الثانية عشرة و ثلث
al-saa-Aa al-aan al-thaa-ni-ya Aach-ra wa thulth

são 20 para o meio-dia
الساعة الأن الثانية عشرة إلا ثلث
al-saa-Aa al-aan al-thaa-ni-ya Aach-ra il-la thulth

é 1h e meia
السَّاعة الأن الواحدة ونصف
al-saa-Aa al-aan al-waa-Hi-da wa niSf

cheguei mais ou menos às 2h
وصلتُ حوالي السّاعة الثانية
wa-Salt Ha-waa-lii al-saa-Aa al-thaa-ni-ya

coloquei o despertador para as 9h
ضبطتُ المُنبّه على السّاعة التّاسعة
Da-baT-Tu al-mu-nab-bih Aa-la al-saa-Aa al-taa-si-Aa

esperei vinte minutos
انتظرتُ عشرين دقيقة
in-ta-Zar-tu Aich-riin da-qii-qa

o trem estava quinze minutos atrasado
تأخّر القطارُ خمسَ عشرةَ دقيقة
Ta-'akh-khar al-qi-Taar khams Aach-rat da-qii-qa

cheguei em casa há uma hora
وصلتُ المنزل منذ ساعة
wa-Salt al-man-zil mun-dhu saa-Aa

vamos nos encontrar daqui a meia hora?
هل نتقابل بعد نصف ساعة؟
hal na-ta-qaa-bal baAd niSf saa-Aa?

volto em quinze minutos
سأعودُ بعد ربع ساعة
sa-'Auud baAd rubA saa-Aa

HORA E DATA

141

tem uma diferença de três horas entre ... e ...
هناك ثلاث ساعات فرْق توقيت بين ... و ...
hu-naa-ka tha-laath saa-Aaat farq taw-qiit bayn ... wa ...

Compreendendo

يُغادر كلّ ساعة وكلّ نصف ساعة
yu-ghaa-dir kull saa-Aa wa kull niSf saa-Aa
partidas de hora em hora e de meia em meia hora

مفتوح من السّاعة العاشرة صباحاً الى السّاعة الرّابعة بعد الظّهر
maf-tuuH min al-saa-Aa al-Aaa-chi-ra Sa-baa-Han ila al-saa-Aa al-raa-bi-Aa baAda al-Zuhr
aberto das 10 h da manhã às 4 h da tarde

يُعرَض في السّاعة السّابعة مساء كل يوم
yuA-raD fii al-saa-Aa al-saa-bi-Aa ma-saa-an kull yawm
é toda noite, às 7 h

يَسْتغرقُ حوالي سُاعة ونصف
ya-stagh-riq Ha-waa-lii saa-Aa wa niSf
dura cerca de uma hora e meia

يفتحُ السّاعة العاشرة صباحاً
yaf-taH al-saa-Aa al-Aaa-chi-ra Sa-baa-Han
abre às 10 h da manhã

HORA E DATA

NÚMEROS

NÚMEROS

0 صفر *Sifr*
1 واحد *waa-Hid*
2 اثنان *ith-naan*
3 ثلاثة *tha-laa-tha*
4 أربعة *ar-ba-Aa*
5 خمسة *kham-sa*
6 ستة *sit-ta*
7 سبعة *sab-Aa*
8 ثمانية *tha-ma-ni-ya*
9 تسعة *tis-Aa*
10 عشرة *Aa-cha-ra*
11 أحد عشر *aHad-Aa-char*
12 اثنا عشر *ithna-Aa-char*
13 ثلاثة عشر *tha-laath Aa-char*
14 أربعة عشر *ar-baA Aa-char*
15 خمسة عشر *khams-Aa-char*
16 ستة عشر *sit-Aa-char*
17 سبعة عشر *sab-Aa-char*
18 ثمانية عشر *tha-ma-ni-Aa-char*
19 تسعة عشر *tisA-Aa-char*
20 عشرون *Aich-ruun*
21 واحد وعشرون *wa-Hid wa Aich-ruun*
22 اثنان وعشرون *ith-nan wa Aich-ruun*
30 ثلاثون *tha-la-thuun*
35 خمس وثلاثون *khams wa tha-la-thuun*
40 أربعون *ar-ba-Auun*
50 خمسون *kham-suun*
60 ستون *sit-tuun*
70 سبعون *sab-Auun*
80 ثمانون *tha-maa-nuun*
90 تسعون *tis-Auun*
100 مائة *ma-'ah*
101 مائة وواحد *ma-'ah wa waa-Hid*
200 مائتين *ma-'a-tayn*
500 خمسمائة *khams ma-'ah*

1000 ألف alf
2000 الفين al-fayn
10000 عشرة آلاف Aa-ch-rat aa-laaf
100000 مائة ألف ma-'at alf

primeiro أول aw-wal
segundo ثان thaa-nii
terceiro ثالث thaa-lith
quarto رابع raa-biA
quinto خامس khaa-mis
sexto سادس saa-dis
sétimo سابع saa-biA
oitavo ثامن thaa-min
nono تاسع taa-siA
décimo عاشر Aaa-chir
vigésimo العشرون al-Aich-ruun

20 mais 3 é igual a 23
عشرون زائد ثلاثة يساوي ثلاثة وعشرون
Aich-ruun za-'id tha-laa-tha yu-saa-wii tha-laa-tha wa Aich-ruun

20 menos 3 é igual a 17
عشرون ناقص ثلاث يساوي سبعة عشر
Aich-ruun naa-qiS tha-laa-tha yu-saa-wii sab-Aat Aa-char

20 multiplicado por 4 é igual a 80
عشرون في أربعة يساوى ثمانون
Aich-ruun fii ar-ba-Aa yu-saa-wii tha-maa-nuun

20 dividido por 4 é igual a 5
عشرون على أربعة يساوي خمسة
Aich-ruun Aa-la ar-ba-Aa yu-saa-wii kham-sa

DICIONÁRIO

PORTUGUÊS-ÁRABE

A

a dez quilômetros بعيداً من هنا
ba-Aiid min hu-na
a ela ها ha
a ele ـه uh
a fim de لكي li-kay
à prova d'água ضد الماء Did al-maa'
abaixo تحت taHt
abandonar يترك yat-ruk
abastecer: encher o tanque
يملأ التنك بالكامل yam-la' al-tank
bil-kaa-mil
abelha نحلة naH-la
aberto مفتوح maf-tuuH
aberto até tarde da noite
يعمل حتى وقت متأخر في الليل yaA-mal
Hat-ta waqt mu-ta'akh-khir fii
al-layl
abridor de garrafas فتّاحة زجاجات
fat-taa-Hat zu-jaa-jaat
abridor de latas فتّاحة علب fat-taa-Hat Aulab
abril أبريل ab-riil, نيسان ni-saan
abrir يفتح yaf-taH
acampar يذهب للإقامة في مخيم yadh-hab lil-iqaa-ma fii mu-khay-yam
aceitar يقبل yaq-bal
acender يشعل yuch-Ail
acesso منفذ man-fadh
acidente حادث Haa-dith
acima فوق fawq
aconselhar ينصح yan-SaH

acontecer يحدث yaH-duth
acordar يستيقظ yas-tay-qiZ
açougue محل جزارة ma-Hal ji-zaa-ra
acreditar يعتقد yaA-ta-qid
adaptador محول mu-Haw-wil
adiante الى الأمام ila al-a-maam
administrar يدير yu-diir
adoecer يصاب بالمرض yu-Saab bil-ma-raD
adolescente مراهقة/مراهق mu-raa-hiq/mu-raa-hi-qa
adormecer ينام من التعب ya-naam min al-ta-Aab
advogado(a) محامي/محامية
mu-Haa-mi (m)/mu-Ha-miy-ya (f)
aeroporto مطار ma-Taar
afirmação بيان ba-yaan
afogar يغرق yagh-raq
agência de correio مكتب البريد
mak-tab al-ba-riid
agência de viagens وكيل سياحي
wa-kiil si-yaa-Hii
agora الآن al-aan
agosto آب aab, أغسطس aghus-Tus
agradável, bom جيد jay-yid
água ماء maa'
água mineral مياه معدنية mi-yaah maA-da-niy-ya
água não potável غير صالح للشرب ماء maa' ghayr Saa-liH lil-churb
água potável ماء شرب maa' churb
água sem gás ماء غير فوار maa' ghayr faw-waar

aguarde um momento! (no telefone) انتظر in-ta-Zir
ainda بعد baAd
alaranjado برتقالي burtu-qaa-lii
álcool كحول ku-Huul
aleatoriamente عشوائي Aach-waa-'ii
alergia حساسيّة Ha-sa-siy-ya
alfândega جمارك ja-maa-rik
algo أيّ شيء ayy chay', شيء chay'
algo mais شيء اخر chay' aa-khar
algodão قطن quTn
alguém شخص ما chakh-Sun ma, أيّ أحد ayy aHad
algum, alguns, alguma, algumas بعض baAD; **algumas pessoas** بعض الناس baAD al-naas
alimento طعام Ta-Aaam
almoçar يتناول الغذاء ya-ta-naa-wal al-gha-dhaa'
almoço غذاء gha-dhaa'
alto عال Aaa-li, عالي Aaa-lii
alugar يستأجر yas-ta'-jir
aluguel إيجار ii-jaar, اجرة uj-ra
amanhã غدا gha-dan
amarelo أصفر aS-far
ambos كلا من kul-lan min
ambulância إسعاف is-Aaaf
americano(a) أمريكيّة/أمريكيّ am-rii-ki (m)/am-rii-kiy-ya (f)
amigo(a) صديق/صديقة Sa-diiq (m)/Sa-dii-qa (f)
andar de baixo الطابق الأسفل al-Taa-biq al-as-fal
anestésico مخدر mu-khad-dir
animal حيوان Ha-ya-waan
aniversário عيد ميلاد Aiid mii-laad
ano سنة sa-na
Ano-Novo عام جديد Aaam ja-diid
antecipadamente سلفا sa-la-fan

anteontem أمس الأوّل ams al-aw-wal
anterior سابق saa-biq
antes من قبل min qabl
antibiótico مضاد حيوي mu-daaD Ha-ya-wii
anticoncepcional مانع للحمل maa-niA lil-Haml
ao lado بجانب bi-jaa-nib
ao ponto (carne) نصف شوا niSf chi-wa
ao redor de, em torno de حول Haw-la
apagão تعتيم taA-tiim
aparelho de som هاي فاي haa-faa
apendicite إلتهاب الزائدة الدودية il-ti-haab al-zaa-'ida al-duu-day-ya
apertado ضيّق Day-yiq
aprender يتعلم ya-ta-Aal-lam
aquecedor de água سخّان ماء sakh-khaan maa'
aquecimento, calefação تدفئة tad-fi'a
aquele ذاك dha-ka; **aquele lá** ذاك dha-ka
aqueles, aquelas هؤلاء ha-ulaa'; **aqueles lá, aquelas lá** هؤلاء ha-ulaa'
aqui هنا hu-na; **aqui está** هذا/هم هؤلاء ha-dha hu-wa/haa-ulaa' hum
ar هواء ha-waa
ar-condicionado مكيف الهواء mu-kay-yif al-ha-waa
Arábia Saudita المملكة العربيّة السعوديّة al-mam-la-ka al-Aa-ra-biy-ya al-su-Auu-diy-ya
aranha عنكبوت Aan-ka-buut
área منطقة min-Ta-qa; **na área** في المنطقة fii al-min-Ta-qa
areia رمل raml

Argélia الجزائر *al-ja-zaa-'ir*
arremessar يرمي *yar-mii*
arrumado مرتّب *mu-rat-tab*
arte فن *fann*
artista فنّان/فنّانة *fan-naan (m)/fan-naa-na (f)*
às vezes أحياناً *aH-yaa-nan*
asma ربو *ra-buu*
aspirina أسبرين *as-bi-riin*
assar يخبز *yakh-biz*
assento مقعد *miq-Aad*
assim لذا *li-dha*
assim como أيضاً *ay-dan*
assinar يوقّع *yu-waq-qiA*
assistir يشاهد *yu-chaa-hid*; **o assistir** مشاهدة *mu-chaa-ha-da*
assustado: estar assustado com خائف *khaa-'if*
atacar هجوم *hu-juum*
atadura, curativo ضمّادة *Dam-maa-Da*
atalho طريق مختصر *Ta-riiq mukh-ta-Sar*
ataque cardíaco أزمة قلبية *aza-ma qal-biy-ya*
até حتى *Hat-ta*
até amanhã! أراك غداً! *a-raa-ka gha-dan!*
até breve! أراك قريباً! *a-raa-ka qa-rii-ban!*
até logo! أراك لاحقاً! *a-raa-ka! laa-Hi-qan*
até mais مع السلامة *ma-Aa al-sa-laa-ma*
atingir, alcançar يصل *ya-Sil*
atrás خلف *khalf*; **atrás de** خلف *khalf*
atrasado متأخّر *mu-ta'akh-khir*
atraso تأخير *ta'-khiir*
através de عبر *Aabr*
atravessar يعبر *yaA-bur*

atualmente في هذه الايام *fii ha-dhi-hi al-ay-yaam*
avariar يتعطّل *ya-ta-AaT-Tal*
avenida طريق *Ta-riiq*
avião طائرة *Taa-'i-ra*
avisar يحذّر *yu-Hadh-dhir*
azul زرقاء *zar-qaa'*

B

bacana لطيف *la-tiif*
bagagem حقيبة *Ha-qii-ba*, شنط *chu-naT*
bagagem de mão حقيبة اليد *Ha-qii-bat yadd*
Bahrein البحرين *al-baH-rayn*
baixo منخفض *mun-kha-fiD*
balsa عبّارة *Aab-ba-ra*
banco (instituição financeira) بنك *bank*
banheiro غرفة حمّام *ghur-fat Ham-maam*
banho حمّام *Ham-maam*; **tomar um banho** يستحم/تستحم *yas-ta-Him (m)/tas-ta-Him (f)*
banho de sol حمّام شمس *Ham-maam chams*
bar بار *baar*
barata (inseto) صرصار *Sar-Saar*
barato رخيص *ra-khiiS*
barba لحية *lih-ya*
barbeador ماكينة حلاقة *ma-kii-nat Hi-laa-qa*
barbeador elétrico ماكينة حلاقة كهربائية *ma-kii-nat Hi-laa-qa kah-ra-ba-'i-ya*
barbear حلاقة *Hi-laa-qa*
barco قارب *qaa-rib*
barraca خيمة *khay-ma*
barulho ضوضاء *Daw-Daa'*

bastante تماماً ta-maa-man, جداً jid-dan
bater, chocar-se يصدم yaS-dum
bateria بطارية baT-Taa-riy-ya
bêbado(a) سكران/سكرانة sak-raan (m)/sak-raa-na (f)
bebê طفل/طفلة Tifl (m)/Tifla (f)
beber يشرب yach-rab
bebida مشروب mach-ruub; **sair para tomar uma bebida** يخرج لتناول مشروب yakh-ruj li-ta-naa-wul mach-ruub; **tomar uma bebida** يتناول مشروب ya-ta-na-wal mach-ruub
beira-mar: à beira-mar جانب البحر jaa-nib al-baHr
bem بخير bi-khayr; **eu estou bem** انا بخير ana bi-khayr; **bem passado(a)** (carne) مطهو جيداً maT-huu jay-yi-dan
bem ao lado بجانب bi-jaa-nib
bem passado مهري mah-rii
bem-vindo! اهلا بك! ah-lan bi-ka!
bem: estou bem أنا بخير ana bi-khayr
biblioteca مكتبة mak-ta-ba
bicicleta دراجة dar-raa-ja
bilheteria مكتب التذاكر mak-tab al-ta-dhaa-kir
binóculo منظار مكبر min-Zaar mu-kab-bir
bloco de anotações مفكرة mu-fak-ki-ra
bloco de ingressos دفتر التذاكر daf-tar al-ta-dhaa-kir
boate نادي ليلي naa-dii lay-lii
boca فم famm
bocado لقمة luq-ma
boia عوامة Aaw-waa-ma
bola (de sorvete) بولة buu-la

bolha بثرة bath-ra
bolsa حقيبة Ha-qii-ba
bolsa de mão حقيبة يد Ha-qii-ba yadd
bom apetite! بالهنا والشفا! bil-ha-na wa al-chi-fa!
bom, boa الخير al-khayr; **bom dia** صباح الخير Sa-baaH al-khayr; **boa tarde** نهارك سعيد na-ha-rak sa-Aiid; **boa noite** مساء الخير ma-saa' al-khayr; **boa noite** (ao se despedir) تصبح على خير tuS-biH Aa-la khayr
bomba de ar (para bicicleta) منفاخ الدراجة min-faakh al-dar-raa-ja
bombeiros المطافي al-ma-Taa-fii
bonito جميل ja-miil
bonito: é bonito هو جميل hu-wa ja-miil
braço ذراع dhi-raaA
branco أبيض ab-yaD
briga شجار chi-jaar
brincos حلقان Hil-qaan
brinquedo لعبة luA-ba
bronquite نزلة شعيبية naz-la chu-Aa-biy-ya
bronzeado ملون mu-law-wan
bronzeamento تلوين الجلد tal-wiin al-jild
bujão de gás أسطوانة غاز us-Tu-waa-nat ghaaz

C

cabeça رأس ra'ss
cabeleireiro حلاق Hal-laaq
cabelo شعر chaAr
cabide شماعة الملابس cham-maa-Aa
cabine telefônica كشك تليفون kuchk te-le-fuun

cada كل *kull*
cadeira كرسي *kur-sii*
cadeira de rodas كرسيّ متحرك *kur-sii mu-ta-Har-rik*
café قهوة *qah-wa*
café da manhã إفطار *if-Taar*; **tomar café da manhã** يتناول الإفطار *ya-ta-na-wal al-if-Taar*
café *espresso* قهوة إسبرسو *qah-wa espresso*
café instantâneo قهوة فورية *qah-wa faw-riy-ya*
cafeteria مقهى *maq-ha*
cair يسقط *yas-quT*
cais رصيف الميناء *ra-Siif al-mii-naa'*
caixa de câmbio غيار السرعة صندوق *Sun-duuq ghi-yaar al-surAa*
caixa de correio صندوق بريد *Sun-duuq*
caixa eletrônico ماكينة صرّاف آلي *maa-kii-nat Sar-raaf aa-lii*
calças بنطلون *ban-Ta-luun*
calmo هادىء *haa-di'*
calor حرارة *Ha-raa-ra*
cama سرير *sa-riir*
câmbio تغيير *tagh-yiir*
camelo جمل *ja-mal*
câmera digital كاميرا رقمية *ka-me-ra raq-miy-ya*
caminhada em local íngreme رحلة سير *riH-lat sayr*
caminhada: fazer uma caminhada ماشياً *maa-chi-yan*
caminhar يمشي *yam-chii*
caminho طريق *Ta-riiq*
camisa قميص *qa-miiS*
camping (atividade) إقامة في مخيم *iqaa-ma fii mu-khay-yam*; (local de acampamento) مكان المخيم *ma-kaan mu-khay-yam*

campista (pessoa que acampa) ساكن الخيام *saa-kin al-khi-yaam*
campo de esportes الرياضة أماكن لممارسة *a-maa-kin li-mu-maa-ra-sat al-ri-yaa-Da*
canal قناة *qa-naa*
canção أغنية *ugh-niy-ya*
cancelar يلغي *yal-ghi*
caneta قلم *qa-lam*
cansado تعبان, منهك *taA-baan, mun-hak*
cantar يغنّي *yu-ghan-nii*
cantor(a) مغني/مغنية *mu-ghan-nii (m)/mu-ghan-niy-ya (f)*
capacete خوذة *khuu-dha*
capaz: ser capaz de قادر على *qaa-dir Aa-la*
caro غالي *gha-lii*
carregar, transportar يحمل *yaH-mil*
carro سيارة *say-ya-ra*
carta خطاب *khi-Taab*
cartão بطاقة *bi-Taa-qa*
cartão de crédito بطاقة إئتمان *bi-Taa-qat i'-ti-maan*
cartão de débito بطاقة الدفع *bi-Taa-qat al-dafA*
cartão de telefone بطاقة اتصال هاتفي *bi-Taa-qat it-ti-Saal haa-ti-fii*
cartão-postal كارت بريدي *kart ba-rii-dii*
carteira محفظة *maH-faZa*
carteira de identidade بطاقة الهوية *bi-Taa-qat al-ha-wiy-ya*
carteira de motorista رخصة قيادة *rukh-Sat qi-yaa-da*
carteiro ساعي البريد *saa-Aii ba-riid*
casa البيت *al-bayt*; **em casa** بالبيت *bil-bayt*; **ir para casa** يذهب الى البيت *yadh-hab ila al-bayt*

casaco impermeável من المطر معطف واق miA-Taf waa-qii min al-ma-Tar
casado متزوج mu-tazw-wij
casca قشر qichr
caso contrário خلاف ذلك khi-laaf dha-lik
caso: em caso de حالة Haa-la
catálogo دليل da-liil
Catar قطر qa-Tar
cavalo حصان Hu-Saan
CD سي دي sii-dii
cedo مبكرا mu-bak-ki-ran
cego أعمى aA-ma
cemitério مقابر ma-qaa-bir
cenário مشهد mach-had
centímetro سنتيمتر santi-mitr
centro مركز mar-kaz
centro de informações turísticas مكتب السياحة mak-tab al-si-yaa-Ha
certamente بالطبع bil-TabA
certeza: com certeza متأكد mu-ta'ak-kid
certo صواب Sa-waab
céu سماء sa-maa'
chamada, ligação مكالمة mu-kaa-la-ma
chaminé مدخنة mad-kha-na
chão أرض arD
chapa elétrica طبق ساخن Ta-baq saa-khin
chapelaria حجرة ايداع المعاطف Huj-rat ii-daaA al-ma-Aaa-Tif
chapéu قبعة qub-ba-Aa
chapéu de sol طاقية شمس Taa-qay-ya chams
charuto سيجار sii-gaar
chave مفتاح muf-taaH

check out, registro de saída الدفع والمغادرة al-dafA wa al-mu-ghaa-da-ra
check-in فحص الاوراق عند الدخول faHS al-aw-raaq Ain-da al-du-khuul
chegada وصول wu-Suul
chegar يصل ya-Sil
cheio تمام kaa-mil
cheirar يشم رائحة ya-chumm raa-'iHa; **cheirar bem/mal** له رائحة زكية /كريهة la-hu raa-'iHa za-kay-ya/ka-rii-ha
cheiro رائحة raa-'iHa
cheque شيك chiik
chocante فظيع fa-ZiiA
choque صدمة Sad-ma
chover: está chovendo تمطر tum-Tir
churrasco حفل شواء Hafl cha-waa
chuva مطر ma-Tar
ciclovia طريق لسير الدرّاجات Ta-riiqli sayr al-dar-ra-jaat
cidade مدينة ma-dii-na
cigarro سيجارة sii-ga-ra
cinema سينما ci-ne-ma
cinto de segurança حزام أمان hi-zaam a-maan
cintura وسط wa-saT
cinza رمادي ra-maa-dii
cinzeiro طفاية سجاير Taf-faa-yat sa-jaa-'ir
circo سيرك sirk
claro فاتح faa-tiH; **azul-claro** أزرق فاتح azraq faa-tiH
classe econômica درجة عادية da-ra-ja Aaa-diya
clima مناخ ma-naakh
clínico geral ممارس عام mu-maa-ris Aa-am
cobertor بطّانية baT-Taa-niy-ya

cobertura, capa غطاء ghi-Taa'
cobrir يغطي yu-ghaT-Tii
Coca-cola® كوكا ku-ka
coçar: coça بها حكة bi-ha Hak-ka
código da porta فتح كود الباب kuud fatH al-baab
código de discagem, código de área (DDD) رقم ra-qam
código de endereçamento postal (CEP) رمز بريدي ramz ba-rii-dii
coisa شيء chay'
colchão مرتبة mar-ta-ba
coleta تجميع taj-miiA
colher ملعقة mal-Aa-qa
colher de chá ملعقة شاي mal-Aa-qat chaay
colher de sopa ملعقة طعام mal-Aa-qat Ta-Aaam
colina تل tal
colocar يضع ya-DaA
com مع ma-Aa
com baixo teor de gordura قليل الدسم qa-liil al-da-sam
combinar يرتب yu-rat-tib; **combinar um encontro** موعد yu-rat-tib maw-Aid li-mu-qaa-ba-lat يرتب لمقابلات
começar بدأ ba-da', بداية bi-daa-ya
começo بداية bi-daa-ya'; **no começo** في البداية fii al-bi-daa-ya
comer يأكل ya'-kul
comida طبيخ Ta-biikh; **fazer a comida** يقوم بالطبخ yaqum bil-Tabkh
como disse? معذرة! ماذا قلت؟ maA-dhi-ra! maa-dha qult?
como كيف kay-fa
companhia شركة cha-ri-kat
companhia aérea شركة طيران cha-ri-kat Ta-ya-raan

compartimento تجويف taj-wiif
comprar يشتري yach-ta-rii
compras تسوق ta-saw-wuq; **fazer compras** يتسوق ya-ta-saw-waq
comprido, longo, alto طويل Ta-wiil
comprimido قرص qurS
comprimido para dormir للنوم حبوب مساعدة Hu-buub mu-saa-Aida lil-nawm
computador حاسوب Haa-suub
concerto حفل موسيقيّ Hafl muu-sii-qi
condicionamento (de ar) تكييف tak-yiif
conexão إتصال it-ti-Saal
confirmar يؤكّد yu'ak-kid
confortável مريح mu-riiH
conseguir fazer algo ينجح في عمل yan-jaH fii Aa-mal
conselho نصيحة na-Sii-Ha; **pedir conselho a alguém** يطلب نصيحة yaT-lub na-Sii-Ha
consertar إصلاح iS-laaH; **mandar consertar algo** يصلّح yu-Sal-liH
construir يبني yab-nii
consulado قنصليّة qun-Su-liy-ya
consulta موعد muw-Aid; **marcar uma consulta com** موعد يحدد yu-Had-did muw-Aid; **ter uma consulta com** لديه موعد مع la-day-hi muw-Aid maAa
conta فاتورة fa-tuu-ra
contagioso معدي muA-dii
contar يحسب yaH-sib
contato أحد المعارف aHad al-ma-Aaa-rif; **entrar em contato com** يتصل ب yat-ta-Sil bi
contra ضدّ Did
contrário (subst) عكس Aaks

conversar محادثة *mu-Haa-da-tha*
convidar يدعو *yad-Auu*
copo كأس *ka'ss*; **um copo de água** كأس من الماء *ka'ss min al-maa'*
copta قبطي *qib-Tii*
cor لون *lawn*
coração قلب *qalb*
corpo جسم *jism*
correio بريد *ba-riid*
correio aéreo بريد جوي *ba-riid jaw-wii*
correspondência بريد *ba-riid*
correto صحيح *Sa-HiiH*
cortar يقطع *yaq-TaA*
costela ضلع *DilA*
coxa فخذ *fakhdh*
cozido مطبوخ *maT-buukh*
cozinha مطبخ *maT-bakh*
cozinhar يطبخ *yaT-bukh*
creme de barbear كريم حلاقة *krim Hi-laa-qa*
creme hidratante مرطّب *mu-raT-Tib*
crescer ينمو *yan-muu*
criança طفل/طفلة *Tifl (m)/Tifla (f)*
cru (tecido) خام *khaam*
cruz صليب *Sa-liib*
cruzeiro رحلة بحرية *riH-la baH-riy-ya*
cruzeiro pelo Nilo رحلة نيلية *riH-la nii-liy-ya*
cuidado! خلي بالك! *khal-lii baa-lak!*
cuidar de يعتني بـ *yaA-ta-nii bi*
cujo لمن *li-man*
cume قمة *qim-ma*
custar يكلف *yu-kal-lif*
custo, preço تكلفة *tak-lifa*
cybercafé مقهى انترنت *maq-ha in-ter-net*

D

dança رقص *raqS*
dançar يرقص *yar-quS*
danificado متضرّر *mu-ta-Dar-rir*
dar يعطي *yuA-Tii*
data تاريخ *taa-riikh*
data comemorativa ذكرى *dhik-raa*
data de nascimento تاريخ الميلاد *taa-riikh al-mii-laad*
data de validade إنتهاء الصلاحية تاريخ *taa-riikh in-ti-haa' al-Sa-laa-Hiy-ya*
datar de يبدأ من *yab-da' min*
de من *min*, بـ *bi*; **de carro** بالسيارة *bil-say-ya-ra*
de nossa propriedade, próprio خاصّتنا *khaaS-Sat-na*
de qualquer modo على أي حال *Aa-la ayy Haal*
de você (pertencente a você) خاصّتك *khaaS-Sa-tak*
declarar يعلن *yuA-lin*
decolar تقلع *tuq-liA*
dedo إصبع *is-baA*
defeito عطل *AuTl*
deficiente físico معاق *mu-Aaaq*
degrau خطوة *khaT-wa*
deixar يغادر *yu-ghaa-dir*
delegacia de polícia مركز شرطة *mar-kaz chur-Ta*
deles, delas هم *hum*
demais, muito للغاية *lil-ghaa-ya*; **ruim demais** سيء للغاية *say-yi' lil-ghaa-ya*
demasiadamente كثير للغاية *ka-thiir lil-ghaa-ya*
dente سنّ *sinn*
dentista طبيب أسنان *Ta-biib as-naan*
dentre بين *bay-na*

dentro داخل *daa-khil*
departamento قسم *qism*
depender: isto depende de يعتمد على *yaA-ta-mid Aa-la*
depois فيما بعد *fii-ma baAd*
depois de amanhã بعد غد *baAd ghadd*
depósito تأمين *ta'-miin*
desastre كارثة *kaa-ri-tha*
descartável للاستخدام واحدة مرة *lil-is-tikh-daam mar-ra waa-Hi-da*
descer ينزل *yan-zil*
desconfortável غير مرتاح *ghayr mur-taaH*
desconto تخفيض *takh-fiiD*; **dar desconto a alguém** يعطي تخفيض *yuA-Tii takh-fiiD*
desculpa عذر *Audhr*
desculpar: desculpe-me من فضلك *min faD-lak*
desculpe آسف/آسفة *aa-sif (m)/aa-si-fa (f)*
desde منذ *mundh*
desinfetar يعقّم *yu-Aaq-qim*
desligar, apagar يغلق *yugh-liq*
desodorante مزيل لرائحة العرق *mu-ziil li-raa-'iHat al-Aa-raq*
despertador منبه *mu-nab-bih*
detergente سائل غسيل الأطباق *saa-'il gha-siil al-aT-baaq*
deteriorar يفسد *yaf-sad*
devedor مدين *ma-diin*
dever (v) (obrigação) يجب *ya-jib*; **devem ser 5h** الساعة الخامسة لا بد انها *la-bud an-na-ha al-saa-Aa al-kha-mi-sa al-aan*; **eu tenho de ir** الآن يجب ان أذهب *ya-jib an adh-hab al-aan*
devolver يعيد *yu-Aiid*

dezembro ديسمبر *dii-sam-bar*, الأوّل كانون *kaa-nun al-aw-wal*
dia يوم *yawm*
diabetes داء السكريّ *daa' al-suk-ka-rii*
diarreia: ter uma diarreia إسهال *is-Haal*
diesel ديزل *dii-zil*
diferença de horário, fuso فرق التوقيت *farq taw-qiit*
diferente مختلف *mukh-ta-lif*
difícil صعب *SaAb*
digitar يطبع *yaT-baA*
dinheiro مال *maal*, نقود *nu-quud*; **pagar em dinheiro** يدفع نقدًا *yad-faA naq-dan*
direção إتجاه *it-ti-jaah*
direita: à direita de ناحية اليمين من *ila naa-Hi-yat al-ya-miin min*
direito حق *Haqq*; **ter direito a …..** يكون له الحق في … *ya-kuun la-hu al-Haqq fii …*
direto مباشر *mu-baa-chir*
dirigir, guiar يقود *ya-quud*
discoteca ديسكو *disco*
disponível متاح *mu-taaH*
distante بعيد *ba-Aiid*; **distante de** بعيد عن *ba-Aiid Aan*
distender, torcer جزعة *jaz-Aa*
DIU (dispositivo anticoncepcional) لولب *law-lab*
divertir-se يستمتع بوقته *yas-tam-tiA bi-waq-tu*
dividir يشارك *yu-chaa-rik*
dizer يخبر *yukh-bir*, يقول *ya-quul*; **como se diz … em árabe?** كيف تقول … باللغة العربية؟ *kay-fa ta-quul … bil-lu-gha al-Aa-ra-biy-ya?*
doce (adj) حلو *Hilu*, (subst) حلوى *Hal-wa*

DICIONÁRIO PORTUGUÊS-ÁRABE

153

documentos de identidade اوراق الهوية aw-raaq al-ha-wiy-ya

doença مرض ma-raD

doente مريضة ma-rii-Da

doer: está doendo يؤلم yu'-lim; **minha cabeça está doendo** رأسي يؤلمني ra'-sii yu'-lim-nii

domingo يوم الأحد yawm al-a-Had

dor: estar com dor de garganta لديه التهاب الحلق la-day-hi il-ti-haab fii al-Halq; **estar com dor de cabeça** لديه الام في الرأس la-day-hi aa-laam fii al-ra's

dor de cabeça: ele está com dor de cabeça عنده صداع Aan-du Su-daaA

dormir ينام ya-naam; **dormir com** ينام مع ya-naam maAa

ducha, chuveiro دش duch

durante خلال khi-laal; **durante a semana** خلال الأسبوع khi-laal al-us-buuA

durar يظل ya-Zal

duro صلب Salb

E

e و wa

e-mail بريد الكتروني ba-riid elek-truu-nii

Egito مصر miSr

ela هي hi-ya

ele هو hu-wa

eles, elas هم hum

eletricidade كهرباء kah-ra-baa'

elétrico كهربائية kah-ra-ba-'iy-ya

elevador مصعد miS-Aad

em في fii; **no Egito** في مصر fii miSr; **em 2007** في عام الفين وسبعة Aam al-fayn wa sab-Aa; **em árabe** في اللغة العربية fii al-lu-gha al-Aa-ra-biy-ya; **no século XIX** في القرن التاسع عشر fii al-qarn al-taa-sA Aa-char; **em uma hora** في خلال ساعة fii khi-lal saa-Aa

em algum lugar في مكان ما fii ma-kaan ma

em frente a أمام a-maam

em lugar de بدلا من ba-da-lan min

em lugar nenhum لا مكان laa ma-kaan

em outro lugar في مكان آخر fii ma-kaan aa-khar

em todo lugar في كل مكان fii kull ma-kaan

embaixada سفارة sa-faa-ra

embaixo تحت taHt

embalado مجزوم maH-zuum

embarque الصعود الى الطائرة al-Su-Auud ila al-Taa-'i-ra

embora (conj) رغم أنّ ragh-ma-ann

embreagem قابض qaa-biD

emergência طوارئ Ta-waa-ri'

Emirados Árabes Unidos الامارات العربية المتحدة ali-maa-raat al-Aa-ra-biy-ya al-mut-ta-Hi-da

emperrado ملتصق mul-ta-Siq

emprego, trabalho عمل Aa-mal

emprestar يسلّف yu-sal-lif

empurrar دفع dafA

encanador سبّاك sab-baak

encher يملأ yam-la'

encontrar يجد ya-jid, يلتقي yal-ta-qii

encontro اجتماع ij-ti-maaA

endereço عنوان Aun-waan

endereço de e-mail عنوان البريد الالكتروني Aun-waan al-ba-riid al-elek-truu-nii

enfermeiro(a) ممرض/ممرضة mu-mar-riD (m)/mu-mar-ri-Da (f)

engano غلطة ghal-Ta

enjoo, náusea: estar com enjoo/náusea دوار البحر *daw-waar al-baHr*
enquanto بينما *bay-na-ma*
então بعد ذلك *baAd dha-lik*
entender يفهم *yaf-ham*
entrada مدخل *mad-khal*
entrar يدخل *yad-khuul*
entre بين *bay-na*
envelope مظروف *maZ-ruuf*
enviar يرسل *yur-sil*
epilético مصاب بالصرع *mu-Saab bil-Sa-raA*
equipamento جهاز *ji-haaz*
equipamento de mergulho جهاز الغوص *ji-haaz al-ghawS*
equipe فريق *fa-riiq*
errado خطأ *kha-Ta'*
escada سلالم *sa-laa-lim*
escalada تسلق *ta-sal-luq*
escapamento ماسورة العادم *maa-suu-rat al-Aaa-dim*
escola secundária مدرسة ثانوية *mad-ra-sa thaa-na-wiy-ya*
escova فرشاة *fur-chaa*
escova de dente فرشاة أسنان *fur-chat as-naan*
escrever يكتب *yak-tub*
escuro مظلم *muz-lim*; **azul-escuro** أزرق داكن *a-zraq daa-kin*
escutar يستمع *yas-ta-miA*
esfinge أبو الهول *abu al-huul*
esgotar عادم *Aaa-dim*
especial خاص *khaaS*
especialidade اختصاص *ikh-ti-SaaS*
especiaria, tempero تابل *taa-bil*
espelho مرآة *mir-'aah*
esperar ينتظر *yan-ta-Zir*; **esperar por alguém/algo** شخص/شيء ينتظر *yan-ta-Zir chakhS/chay'*

esponja إسفنجة *is-fin-ja*
esporte رياضة *ri-yaa-Da*
esportivo رياضي *ri-yaa-Dii*
esposa زوجة *zaw-ja*
espuma de barbear رغوة حلاقة *ragh-wat Hi-laa-qa*
esquerda يسار *ya-saar*; **à esquerda (de)** من الى اليسار *ila al-ya-saar min*
esqui زلاجة *zal-laa-ja*
esqui aquático التزحلق على الماء *al-ta-zaH-luq Aa-la al-maa'*
está calor الجو دافئ *al-jaw daa-fii*
está passando em يعرض في *yuA-raD fii*
estação محطة *ma-HaT-Ta*
estação de rádio محطة راديو *ma-HaT-Tat rad-yuu*
estação ferroviária محطة قطار *ma-HaT-Tat qi-Taar*
estacionamento موقف سيّارات *muw-qaf say-ya-raat*
estacionar يركن السيّارة *yar-kin al-say-ya-ra*
estadia بقاء *ba-qaa'*
estádio استاد *is-taad*
estado دولة *daw-la*
estar acostumado com: estou acostumado com isto معتاد على أنا *ana muA-taad Aa-la*
estar prestes a fazer algo وشك على *Aa-la wa-chak*
este, esta, isto هذا *ha-dha*; **este aqui** هذا *ha-dha*; **esta noite** هذا المساء *ha-dha al-ma-saa'*; **isto é** هذا هو *ha-dha hu-wa*
estepe (pneu) اطار احتياطي *i-Taar iH-ti-yaa-Tii*
estes, estas هؤلاء *ha-ulaa'*
estilo أسلوب *us-luub*

estômago معدة ma-Ai-da
estoque مخزون makh-zuun
estrada طريق Ta-riiq
estrangeiro(a) أجنبي/أجنبية aj-na-bi (m)/aj-na-biy-ya (f)
estranho غريب gha-riib
estudante طالب/طالبة Taa-lib (m)/Taa-liba (f)
estudar دراسة di-raa-sa
estudos دراسات di-raa-saat
estupro إغتصاب igh-ti-Saab
eu أنا ana; **eu sou inglês** أنا انجليزي ana in-glii-zii; **eu tenho 22 anos de idade** عام عمري اثنان و عشرون Aum-rii ith-nan wa Aich-ruun Aaam
eu e você أنا وأنت ana wa an-ta
eu também أنا أيضا ana ay-Dan
eurocheque شيك سياحي باليورو chiik si-yaa-Hi bil-yuu-ru
Europa أوروبا u-rub-ba
europeu, europeia أوروبي u-rub-bi (m)/u-rub-biy-ya (f)
excedente زائد zaa-'id
excepcional استثنائي ith-tith-naa-'i
excesso de peso: minha mala está com excesso de peso حقيبتي زائدة الوزن Ha-qii-ba-tii zaa-'idat al-wazn
excesso فائض faa-'iD
exceto باستثناء bis-tith-naa', ماعدا ma Aada
experimentar يقيس ya-qiis
explodir ينفجر yan-fajir
explosão إنفجار infi-jaar
exposição معرض maA-raD
extra إضافي i-Daa-fii

F

faca سكينة sik-kii-na

fácil سهل sahl
falar يتكلم ya-ta-kal-lam
falha عيب Aayb
faltar: estão faltando dois ... هناك اثنان مفقودين ... hu-naa-ka ith-naan min ... maf-quu-diin
família أسرة us-raa
faltar, em falta محتاج muH-taaj; **faltam-me dois ... ...** محتاج اثنين ... أنا ana muH-taaj ...
famoso معروف maA-ruuf
fantástico, ótimo عظيم Aa-Ziim
farmácia صيدلية Say-da-liy-ya
farmácia de plantão الخدمة الليلية صيدلية Say-da-liy-ya al-khid-ma al-lay-liy-ya
farol مصباح أمامي miS-baaH amaa-mii, (construção junto ao mar) منارة ma-naa-ra
farol vermelho ضوء أحمر Duu' aH-mar
***fast-food*, restaurante de comida rápida** مطعم الوجبات الجاهزة maT-Aam al-waj-baat al-jaa-hi-za
fatia شريحة cha-rii-Ha
fatiado مقطع شرائح mu-qaT-TaA cha-raa-'iH
fato حقيقة Ha-qii-qa; **de fato** في الواقع fii al-waa-qiA
favor معروف maA-ruuf; **fazer um favor a alguém** يصنع معروف لـ yaS-naA maA-ruuf li
favorito شيء مفضل chay' mu-faD-dal
fax فاكس fax
fazer *check-in* الأوراق عند الدخول يفحص yaf-HaS al-aw-raaq Ain-da al-du-khuul
fazer يجعل yaj-Aal

fazer lembrar يذكّر *yu-dhak-kir*
fazer mala, embalar يحزم *yaH-zim*
fazer uma pergunta يسأل سؤال *yas-'al su-'aal*
febre حمى *Hum-ma*; **estar com febre** يصاب بالحمى *yu-Saab bil-Hum-ma*
febre do feno, alergia ao pólen حمى القش *Hum-ma al-qach*
fechado مغلق *mugh-laq*
fechar يغلق *yugh-liq*
feito à mão مصنوع يدوي *maS-nuuA ya-da-wii*
feliz سعيد/سعيدة *sa-Aiid (m)/sa-Aii-da (f)*
feriado nacional عطلة وطنيّة *AuT-la wa-Ta-niy-ya*
feriado público عطلة عامة *AuT-la Aaam-ma*
férias عطلة *Au-Tla*
ferida, ferimento جرح *jurH*
ferido مجروح *maj-ruuH*
ferro de passar مكواة *mak-wa*
festa حزب *Hizb*
festival مهرجان *mah-ra-jaan*
fevereiro فبراير، شباط *fi-bra-yir, chi-baaT*
ficar يبقى *yab-qa*; **ficar em contato** يبقى على اتصال *yab-qa Aa-la it-ti-Saal ma-Aa*
ficar sem gasolina لديه من الوقوق ينفذ ما *yan-fadh maa la-day-hi min wu-quud*
fígado كبدة *kib-da*
fila طابور *Taa-buur*; **ficar na fila** يقف في الطابور *ya-qif fii al-Taa-buur*
filha ابنة *ib-nah*
filho إبن *ibn*
filme فيلم *film*

fim de semana نهاية أسبوع *ni-haa-yat al-us-buuA*
final نهاية *ni-haa-ya*; **no final de** في نهاية *fii ni-haa-yat*; **no final da rua** عند آخر الشارع *Ain-da aa-khir al-chaa-riA*
finalmente أخيرا *akhii-ran*
fino رفيق *ra-qiiq*
fita adesiva لاصق *laa-Siq*
flash فلاش *flach*
flat, apartamento شقّة *chaq-qa*
floresta غابة *ghaa-ba*
fogareiro موقد مخيم *muw-qid mu-khay-yam*
fogo نار *naar*, حريق *Ha-riiq*; **você tem fogo?** هل معك كبريت *hal maAaka kab-riit?*
fogos de artifício نارية الألعاب *al-Aaab naa-riy-ya*
folha (de papel) ورق *wa-raq*
folheto, panfleto كراسة التفاصيل *kur-raa-sat al-Ta-faa-Siil*
fome جوع *juuA*; **estar com fome** جائعة *jaa-'iA*
fora de serviço لا يعمل *laa yaA-mal*
fora, do lado de fora في الخارج *fii al-khaa-rij*
forma شكل *chakl*
formiga نملة *nam-la*
forno فرن *furn*
forte قوي *qa-wii*
fósforo كبريت *kab-riit*
fotografia صورة *Suu-ra*; **tirar uma fotografia de alguém** يأخذ صورة *ya'-khudh Suu-ra*; **tirar uma fotografia de alguém** صورة لـ يأخذ *ya'-khudh Suu-ra li*
fraco ضعيف *Da-Aiif*
frágil قابل للكسر *qaa-bil lil-kasr*
fragmento شظية *chaZ-ya*

DICIONÁRIO PORTUGUÊS-ÁRABE

frasco قارورة *qa-ruu-ra*
frase جملة *jum-la*
fraturas كسور *ku-suur*
frear يدوس على الفرامل *ya-duus Aa-la al-fa-raa-mil*
freio فرامل *fa-raa-mil*
freio de mão فرامل اليد *fa-raa-mil al-yadd*
frente مقدمة *mu-qad-di-ma*
frequentemente غالبا *ghaa-li-ban*
frigideira مقلاة *maq-laah*
frio بارد *baa-rid*; **está frio** الجو بارد *al-jaw baa-rid*; **estou com frio** اشعر بالبرد *ach-Aur bil-bard*
fritar يقلي *yaq-lii*
frito مقلي *maq-lii*
fronha غطاء وسادة *ghi-Taa' wi-saa-da*
fruta: uma fruta حبة فاكهة *Hab-bat faa-kiha*
frutos do mar فواكه البحر *fa-waa-kih al-baHr*
fumante مدخنة/مدخن *mu-dakh-khin (m)/mu-dakh-khi-na (f)*
fumar دخان *dukh-khaan*
fusível منصهر *mun-Sa-hir*
futebol قدم كرة *ku-rat qa-dam*

G

galeria معرض *maA-rad*
garagem جراج *ga-raj*
garantia ضمان *Da-maan*
garçom نادل *naa-dil*
garçonete نادلة *naa-dila*
garfo شوكة *chaw-ka*
garganta حلق *Halq*
garota بنت *bint*
garrafa زجاجة *zu-jaa-ja*
gás غاز *ghaaz*
gaseificado فوّار *faw-waar*

gasolina بنزين *ban-ziin*
gasolina quatro estrelas ممتاز بنزين *ban-ziin mum-taaz*
gastar ينفق *yun-fiq*
gastroenterite حمى معوية *Hum-ma ma-Aa-wiy-ya*
gel de banho جل الإستحمام *jel al-is-tiH-maam*
geladeira ثلاجة *thal-laa-ja*
gelo جليد *ja-liid*
geral عام *Aaam*
gerente مدير/مديرة *mu-diir (m)/mudi-raa (f)*
ginecologista طبيب نساء *ta-biib nis-aa'*
gordo سمين *sa-miin*
gorjeta بقشيش *baq-chiich*
gostar يريد *yu-riid*; **eu gostaria de** أريد *ana u-riid*
gosto ذوق *dhawq*
gota قطرة *qaT-ra*
graças: graças a بفضل *bi-faDl*
grama (peso) جرام *gram*
grama (relva) عشب *Auchb*
grande كبير/كبيرة *ka-biir/ka-bii-ra*
grau, nível درجة *da-ra-ja*
grávida حامل *Haa-mil*
gripe إنفلونزا *in-flu-wan-za*
guarda-sol شمسية بحر *cham-siy-yat baHr*
guarda-volumes (seção) المتروكة مكتب الحقائب *mak-tab al-Ha-qaa-'ib al-mat-ruu-ka*
guardanapo منديل *man-diil*
guia (pessoa) مرشد/مرشدة *mur-chid (m)/mur-chi-da (f)*; (livro) دليل *da-liil*

H

haste de algodão, cotonete® الأذن قطن تنظيف *quTn tan-Ziif al-udhun*

haxixe حشيش *Ha-chiich*
hemorroidas أكوام *ak-waam*
hoje اليوم *al-yawm*
homem رجل *ra-jul*
homosexual مثلي الجنس *mith-lii al-jins*
honesto صادق *Saa-diq*
hora ساعة *saa-Aa*; **que horas são?** كم الساعة الآن؟ *kam al-saa-Aa al-aan?*; **na hora** في الوقت المحدد *fii al-waqt al-mu-Had-dad*
hora: a hora الساعة *al-saa-Aa*
horário de funcionamento الغلق ميعاد *mi-Aaad al-ghalq*
horário local التوقيت المحلي *al-taw-qiit al-ma-Hal-lii*
hóspede ضيف/ضيفة *Dayf (m)/Day-fa (f)*
hospital مستشفى *mus-tach-fa*
hospitalidade ضيافة *Di-yaa-fa*
hotel فندق *fun-duq*

I

idade عمر *Aumr*
idoso كبار السن *ki-baar al-sinn*
Iêmen اليمن *al-ya-man*
igreja كنيسة *ka-nii-sa*
igual مثل *mithl*
ilha جزيرة *ja-zii-ra*
imediatamente حالاً *Haa-lan*
importante مهم *mu-him*
importar-se يمانع *yu-maa-niA*
imposto ضريبة *Da-rii-ba*
inchado وارم *waa-rim*
incluído شامل *chaa-mil*
independente مستقل *mus-ta-qil*
infecção تلوث *ta-law-wuth*
inferior قاع *qaaA*; **na parte inferior** في القاع *fii al-qaaA*; **na parte inferior de** في قاع *fii qaaA*

informação معلومة *maA-lu-ma*
Inglaterra إنجلترا *in-gla-tera*
inglês, inglesa إنجليزيّ/إنجليزية *in-glii-zii (m)/in-glii-ziy-ya (f)*
ingresso تذكرة *tadh-ka-ra*; **entrada** دخول *du-khuul*
iniciante مبتدئ/مبتدئة *mub-ta-di'*, *mub-ta-di'a*
injeção حقنة *Huq-na*
inseticida مبيد حشريّ *mu-biid ha-cha-rii*
inseto حشرة *ha-cha-ra*
inseto voador طائرة حشرة *ha-cha-ra Taa'ira*
insolação ضربة شمس *Dar-bat chams*; **pegar uma insolação** يصاب بضربة شمس *yu-Saab bi-Dar-bat chams*
insônia حالة أرق *Haa-lat a-raq*
interior do país, zona rural ريف *riif*
internacional دولي *daw-lii*
internet إنترنت *in-ter-net*
intoxicação alimentar غذائي تسمم *ta-sam-mum ghi-dha-'ii*
inútil غير مفيد *ghayr mu-fiid*
inverno شتاء *chi-taa'*
ir يذهب *yadh-hab*; **ir para Alexandria** يسافر الى ال الإسكندرية *yu-saa-fir ila al-iskanda-riy-ya*; **estamos indo para casa amanhã** سنعود الى بلدنا غدا *sa-na-Auud ila ba-la-di-na gha-dan*
ir buscar يجلب *yaj-lib*
ir embora يسافر الى *yu-saa-fir*
Iraque العراق *al-Ai-raaq*
irmã أخت *ukht*
irmão أخ *akh*
isento de imposto من الضرائب معفى *maA-fii min al-Da-raa-'ib*

islâmico إسلامي is-laa-mii
isolar-se de يعزل نفسه عن yaA-zil naf-su Aan
isqueiro ولاعة wal-laa-Aa
item شيء chay'
itinerário de ônibus مسار الأتوبيس ma-saar al-utu-biis
IVA (imposto do valor agregado) ضريبة المبيعات Da-rii-bat al-ma-bii-Aaat

J

já بالفعل bil-fiAl
janeiro يناير, كانون الثاني ya-naa-yir ka-nuun al-thaa-nii
janela نافذة naa-fi-dha
jantar (subst) العشاء al-Aa-chaa'; (v) يتناول طعام العشاء ya-ta-na-wal Ta-Aaam al-Aa-chaa'
jaqueta جاكت jaa-kit
jardim حديقة Ha-dii-qa
jardim botânico حديقة نباتات Ha-dii-qat na-ba-taat
jarro إبريق ib-riiq
jet lag إرهاق السفر ir-haaq al-sa-far
joalheria محل صائغ ma-Hal Saa-yigh
joelho ركبة ruk-ba
jogar يلعب yal-Aab
jogar fora يلقي بعيداً yul-qii ba-Aii-dan
jogging, corrida يعدو yaA-du
jogo لعبة luA-ba
joias مجوهرات mu-jaw-ha-raat
Jordânia الأردن al-ur-dun
jornal جريدة ja-rii-da
jovem شابة/شاب chaab (m)/chaab-ba (f)
julho يوليو, تموز yul-yuu, tam-muuz

junho يونيو, حزيران yun-yuu, Hu-zay-raan
juntos معاً ma-Aan

K

Kuwait الكويت al-ku-wayt

L

lã صوف Suuf
lá هناك hu-naa-ka
lá, ali هناك hu-naa-ka
lábio شفة chi-faa
lado جانب jaa-nib
ladrão لصّة/لصّ liSS/liS-Sa
lago بحيرة bu-Hay-ra
lâmina de barbear شفرة حلاقة chaf-rat Hi-laa-qa
lâmpada مصباح miS-baaH
lanche وجبة خفيفة waj-ba kha-fii-fa
lanterna كشّاف kach-chaaf
lápis قلم رصاص qa-lam ra-SaaS
laptop الحاسوب المحمول al-Ha-suub al-maH-muul
lar منزل man-zil
largo عريض Aa-riiD
lata علبة Aul-ba
lata de lixo صندوق القمامة Sun-duuq qi-maa-ma
lavada, dar uma lavada يغتسل yagh-ta-sil
lavagem: fazer a lavagem غسيل الملابس gha-siil al-ma-laa-bis
lavanderia مغسلة magh-sa-la
lavar يغسل yagh-sil; **lavar os cabelos** يغسل شعره yagh-sil chaA-ru-h
legendado شريط به ترجمة bi-hi cha-riiT tar-ja-ma

lembrar يتذكر ya-ta-zak-kar
lenço منديل man-diil
lentamente ببطء bi-buT'
lente عدسة Aa-da-sa
lentes عدسات Aa-da-saat
lentes de aumento, zoom تكبير tak-biir
lentes de contacto عدسات لاصقة Aa-da-saat laa-Si-qa
lento بطئ ba-Tii'
ler يقرأ yaq-ra'
leste شرق charq; **no leste** الشرق mi-na al-charq; **(a) leste de** من ناحية الشرق naa-Hi-yat al-charq
levantar يستيقظ yas-tay-qiZ
levar يأخذ ya'-khud
Líbano لبنان lib-naan
Líbia ليبيا liib-ya
libra (peso) رطل raTl
ligar, acender يفتح yaf-taH
ligar na tomada يوصل الفيشة yu-waS-Sil al-fii-cha
limpar ينظف yu-naZ-Zif
limpo نظيف na-Ziif
língua (órgão) لسان li-saan
língua, idioma لغة lu-gha
linha خط khaTT
liquidação تخفيضات الاسعار takh-fii-Daat al-as-Aaar
litoral ساحل saa-Hil
litro لتر litr
livraria مكتبة mak-ta-ba
livre غير مشغول ghayr mach-ghuul
livro كتاب ki-taab
lixeira سلّة المهملات sal-lat al-muh-ma-laat
lixo نفاية ni-faa-ya, زبالة zi-baa-la; **levar o lixo para fora** الزبالة بعيدا yul-qii al-zi-baa-la ba-Aii-dan يلقي

loção pós-sol بعد حمام الشمس baAd Ham-maam al-chams
logo, em breve قريبا qa-rii-ban
loja متجر mat-jar
loja de alimentos محل اطعمة خاصة ma-Hal aT-Ai-ma khaaS-Sa
loja de departamentos الاقسام محل متعدد ma-Hal mu-ta-Aad-did al-aq-saam
lojista صاحب المحل Saa-Hib al-ma-Hal
louça اطباق aT-baaq; **lavar a louça** يغسل الأطباق yagh-sil al-aT-baaq
lousa, painel لوح lawH
lua قمر qa-mar
lua de mel شهر عسل chahr Aa-sal
lugar مكان ma-kaan
luminária مصباح miS-baaH
luxo رغد rg-ghad
luxuoso مُرفه mu-raf-fah

M

madeira خشب kha-chab
maduro يانع yaa-niA
mãe أم umm
maio مايو maa-yu, أيار a-yaar
maioria: a maioria معظم muA-Zam; **a maioria das pessoas** معظم الناس muA-Zam al-naas
mais أكثر ak-thar; **mais do que** أكثر من akh-thar min; **muito mais** أكثر بكثير/أكثر كثيرا akh-thar ka-thii-ran/ akh-thar bi-ka-thiir; **não tem mais ... ...** لا يوجد مزيد من ... laa yuu-jad ma-ziid min ...
mala حقيبة Ha-qii-ba
malpassado(a), cru (carne) نيء nay'
mamadeira رضاعة الأطفال raD-DaaAat aT-faal

mancha بقعة buq-Aa
manga (de roupa) كم kumm
manga curta: de manga curta نصف كم niSf kumm
manhã صباح Sa-baaH
mansão فيلا vil-la
manter يحفظ yaH-faZ
mão يد yadd
mapa خريطة kha-rii-Ta
máquina de lavar louça أطباق غسّالة ghas-saa-lat aT-baaq
máquina de lavar roupa الملابس غسّالة ghas-saa-lat al-ma-laa-bis
máquina fotográfica كاميرا ka-me-ra
mar بحر baHr
maravilhoso رائع raa-'iA
marca علامة Aa-laa-ma
março مارس, اذار maa-ris, aa-dhaar
marco معلم maA-lam
maré alta مد madd
maré baixa جزر jazr
marido زوج zawj
marina ميناء لليخوت mi-naa' lil-yu-khuut
Marrocos المغرب al-magh-rib
marrom بنّي bun-nii
mas لكن laa-kin
matar يقتل yaq-tul
material مادة maa-da
mau سيء say-yi'; **não é mau** ليس سيء lay-sa say-yi'
me ني ni
medicamentos أدوية ad-wiy-ya
médico(a) دكتور/دكتورة duk-tuur (m)/duk-tuu-ra (f)
medidor عدّاد Aad-daad
medidor de eletricidade كهرباء عداد Aad-daad kah-ra-baa'
médio متوسط mu-ta-was-siT

meia-noite منتصف الليل mun-ta-Saf al-layl
meias جورب jaw-rab
meio نصف, وسط niSf, wa-saT
meio quilo نصف كيلو niSf kii-luu
meio-dia ظهر Zuhr
melhor أفضل af-Dal; **o melhor** الأفضل al-af-Dal; **é melhor … …** من الأفضل ان min al-af-Dal ann …
melhorar يتحسن ya-ta-Has-san
membro عضو/عضوة AaDuu (m)/AaD-wa (f)
menos أقل a-qal; **menos que** من أقل A-qal min
mensagem رسالة ri-saa-la
menstruação فترات fa-ta-raat
menu قائمة الطعام qaa-'i-mat al-Ta-Aaam
mercado سوق suuq
mercadorias بضائع ba-Daa-'iA
mercearia محل بقالة ma-Hal bi-qaa-la
mergulho غطس ghaTs; **praticar mergulho** الغوص al-ghawS
mês شهر chahr
mesa طاولة Taa-wi-la
mesmo نفس nafs
mesquita مسجد mas-jid
metro متر mitr
metrô مترو الانفاق mitro al-an-faaq
meu, minha ي ii
micro-ondas ميكروويف micro-weiv
mínimo: o mínimo أدنى adna; **no mínimo** على الأقل Aa-la al-aqall
minuto دقيقة da-qii-qa; **no último minuto** في اللحظة الأخيرة fii al-laH-Za al-akhii-ra
mochila شنطة الظهر chan-Tat al-Zahr
moderno حديث Ha-diith

moeda عملة *Aum-la*
moeda corrente عملة *Aum-la*
molhado, úmido مبلّل *mu-bal-lal*
momento لحظة *laH-Za*
montanha جبل *ja-bal*
monumento مكان أثري *ma-kaan atha-rii*
morder يعض *ya-AuD*
mordida, picada عضة *AaD-Da*
morrer يموت *ya-muut*
morto ميت *may-yit*
mosquito ناموسة *na-muu-sa*
mostrar يعرض *yaA-riD*
motocicleta دراجة ناريّة *dar-raa-ja naa-riy-ya*
motor محرك *mu-Har-rik*
mouse, rato فأرة *fa'-ra*
mudar يغير *yu-ghay-yir*
muito, muitos كثير *ka-thiir*
muito tempo منذ وقت طويل *mundh waqt Ta-wiil*
mulher إمرأة *im-ra'a*
multa غرامة *gha-raa-ma*
múmia مومياء *mum-yaa'*
mundo عالم *Aaa-lam*
músculo عضلة *Aa-Da-la*
museu متحف *mat-Haf*
música موسيقى *muu-sii-qa*

N

nada لا شيء *la-chay'*
nadar يعوم *ya-Auum*
nado العوم *al-Aawm*
namorada رفيقة *ra-fii-qa*
não لا *la*
não (é, está) ليس *lay-sa*
não fumante غير مدخّن *ghayr mu-dakh-khin*

não importa, não tem problema لا يهم *laa ya-humm*
narguilé شيشة *chii-cha*
nariz أنف *anf*
nascente-d'água نبع ماء *nabA maa'*
nascer do sol شروق *chu-ruuq*
natação سباحة *si-baa-Ha*
natureza طبيعة *Ta-bii-Aa*
náusea: sentir náusea غثيان *ghath-yaan*
necessário لازم *laa-zim*
nem ولا *wala*
nervoso عصبي *Aa-Sa-bii*
nevar تمطر ثلج *tum-Tir thalj*
neve ثلج *thalj*
Nilo النيل *niil*
ninguém لا أحد *la aHad*
no exterior في الخارج *fii al-khaa-rij*
noite ليلة *lay-la*, مساء *a-saa'*;
à noite في المساء *fii al-ma-saa'*
noiva خطيبة *kha-Tii-ba*
noivo خطيب *kha-Tiib*
nome اسم *ism*
nome, prenome الإسم الأول *al-ism al-aw-wal*
norte شمال *cha-maal*; **no norte** في الشمال *fii al-cha-maal*;
(a) norte de …… ناحية الشمال في *naa-Hiyat al-cha-maal min …*
nos نا *na*
nós نحن *naH-nu*
nosso, nossa نا *na*
nota (de dinheiro), cédula نقديّة ورقة *wa-ra-qa naq-diy-ya*
nota, anotação ملاحظة *mu-laa-Ha-Za*
notícias أخبار *akh-baar*
novamente مرة ثانية *mar-ra thaa-niy-ya*
novembro نوفمبر *nu-vam-bar*, الثاني تشرين *tich-riin al-thaa-nii*

novo جديد ja-diid
nu عاري Aaa-rii
número عدد Aa-dad
número de registro رقم التسجيل ra-qam al-tas-jiil
número de telefone رقم تليفون ra-qam te-le-fuun
nunca أبدا a-ba-dan

O

o الـ al-
o quê ماذا maa-dha; **o que você quer?** ماذا تريد؟ maa-dha tu-riid?
o tempo todo طول الوقت Tuul al-waqt
o.k. تمام ta-maam
oásis واحة waa-Ha
obra de arte عمل فني Aa-mal fan-nii
obras أعمال aA-maal
obrigado(a) شكر chukr; شكراً chuk-ran; **muito obrigado(a)** جزيلاً شكراً chuk-ran ja-zii-lan
obter يحصل على yaH-Sal Aa-la
obturação حشو Ha-chuu
óbvio واضح waa-DiH
oceano محيط mu-HiiT
oculista طبيب عيون Ta-biib Au-yuun
óculos نظارة naZ-Zaa-ra
óculos de sol نظارة شمس naZ-Zaa-ra chams
ocupado(a) مشغول/مشغولة mach-ghuul (m)/mach-ghuu-la (f)
ocupar uma função يشغل وظيفة yach-ghil wa-Zii-fa
odiar يكره yak-rah
oeste غرب gharb; **no oeste** الغرب في fii al-gharb; **(a) oeste de** الغرب باتجاه ناحية bi-ti-jaah naa-Hi-yat al-gharb

oferecer عرض AarD
oi! أهلاً! ah-lan!
olá! مرحبا! mar-Ha-ba!
óleo زيت zayt
olhar para ينظر الى yan-Zur ila
olho عين Aayn
Omã عمان Au-maan
ombro كتف katf
onda موجة maw-ja
onde أين ay-na; **onde fica/ficam?** أين؟ ay-na?; **de onde você é?** من اين انت؟ min ay-na an-ta?; **para onde você está indo?** اين تذهب؟ ila ay-na tadh-hab?
ônibus حافلة Haa-fi-la
ônibus circular, shuttle مكوك ma-kuuk
ônibus de viagem أتوبيس utu-biis
ontem بالأمس bil-ams
operação: fazer uma operação يعمل عملية yaA-mil Aa-ma-liy-ya
opinião رأي ra'yy; **na minha opinião** في رأيي fii ra'y-yii
oportunidade فرصة fur-Sa
ordem de pagamento internacional حوالة نقدية دولية Hi-waa-la naq-diy-ya daw-liy-ya
orgânico عضوي AuD-wii
organizar ينظم yu-naZ-Zim
orgulhoso (de) فخور ب fa-khuur bi
orquestra فرقة موسيقية fir-qa muu-sii-qiy-ya
ou أو aw
outono فصل خريف faSl al-kha-riif
outro أخر aa-khar
outubro أكتوبر uk-tuu-bar, الأوّل تشرين tich-triin al-aw-wal
ouvido أذن udhun
ouvir يسمع yas-maA

P

paciente (subst) مريضة/مريض ma-riiD (m)/ma-rii-Da (f)
pacote ربطة rab-Ta
pacote, caixa de papelão طرد Tard
padaria مخبز makh-baz
pagar يدفع yad-faA
pai أب abb
pais والدان waa-li-daan
país بلد ba-lad
paisagem منظر طبيعي man-Zar Ta-bii-Aii
palácio قصر qaSr
Palestina فلسطين fi-las-Tiin
panela حلّة طبيخ Hal-lat Ta-biikh
pano de prato فوطة تجفيف الاطباق fuu-Tat taj-fiif al-aT-baaq
pão خبز khubz
papel ورق wa-raq; **guardanapo de papel** فوطة ورق fuu-Ta wa-raq; **lenço de papel** منديل ورق man-diil wa-raq
papel-alumínio ورق الومنيوم wa-raq a-lu-miin-yum
papel de embrulho ورق للف الهدايا wa-raq lil-laff al-ha-daa-ya
papel de enrolar cigarro سجاير ورق لف wa-raq laff sa-jaa-'ir
papel higiênico ورق توليت wa-raq tu-wa-lit
par, casal زوج zawj
para ل li, نحو na-Hu
para mim لي lii
para-choque إكسدام iks-daam
parada, ponto توقف ta-waq-quf
parar يتوقّف ya-ta-waq-qaf
parecer, assemelhar-se يُشبه yuch-bih

parecer, ter o aspecto يبدو yab-duu; **parecer cansado** مرهق يبدو yab-duu mur-ha-qan; **parece que ...** يبدو أن ... yab-du an-na ...
parque منتزه mun-ta-zah
parte جزء juz'; **ser parte de** من يكون جزء ya-kuun juz' min
participação اشتراك ich-ti-raak
particular خاص khaaS
partida مغادرة mu-ghaa-da-ra
partida, jogo مباراة mu-ba-raa
Páscoa عيد الفصح Aiid al-fiSH
passado و wa; **um quarto passado das dez (dez e quinze)** العاشرة والربع al-Aaa-chi-ra wa al-rubA
passageiro مسافر mu-saa-fir
passagem (só de ida) ذهاب dhi-haab
passagem de ida e volta تذكرة عودة tadh-ka-ra Auw-da
passaporte جواز سفر ja-waaz sa-far
passar يمر ya-murr
passar (a ferro) يكوي yak-wii
passeio a pé, caminhada: dar um passeio a pé جولة قصيرة jaw-la qa-Sii-ra
passeio de carro: fazer um passeio de carro نزهة بالسيارة nuzha bil-say-ya-ra
pasta de dente معجون أسنان maA-juun as-naan
pé قدم qa-dam
peça de teatro مسرحية mas-ra-Hiy-ya
peça sobressalente قطع غيار qi-TaA ghi-yaar
pedaço قطعة qiT-Aa; **um pedaço de** من قطعة qiT-Aah min

pedestre مشاه mu-chaa
pedido نظام ni-Zaam
pedir يطلب yaT-lub
pedra حجارة Hi-jaa-ra
pegar يمسك yam-sik
peito صدر Sadr
peixaria محل اسماك ma-Hal as-maak
peixe سمكة sa-ma-ka
pele جلد jild
pena: é uma pena مُحزن muH-sin
penhasco جرف jurf
pensão completa إقامة كاملة iqaa-ma kaa-mi-la
pensar يفكر yu-fak-kir
pente مشط michT
pequeno صغير Sa-ghiir, قليل qa-liil
perder - لم يلحق بـ lam yal-Haq bi; **perdemos o trem** لم نلحق بالقطار lam nal-Haq bii al-qi-Taar
perder يفقد yaf-qid; **perder-se** يتوه ya-tuuh; **estar perdido** فقد fu-qid
perfeito كامل kaa-mil
perfume عطر AiTr
pergunta سؤال su-'aal
perguntar يسأل yas-'al, يطلب yaT-lub
perigoso خطر kha-Tar
perna ساق saaq
perturbar يزعج yuz-Aij; **não perturbe** لا تسبب ازعاج la tu-sa-bib iz-Aaaj
pesado ثقيل tha-qiil
pescoço عنق Au-nuq
pessoa شخص chakhS
pessoal (dela) بها خاص khaaS bi-ha
pessoas الناس al-naas
pia حوض hawD
picada قرصة qar-Sa
picante حار Haar

picar يقرص yaq-ruS; **ser picado por** يصاب بقرصة من yu-Saab bi-qa-Sa min
pijama بيجامتين bi-jaa-ma-tayn
pílula, comprimido حبة Hab-ba
pintura صورة زيتية Suu-ra zay-tiy-ya
pior أسوء as-wa'; **é pior do que** انه اسوأ من in-na-hu as-wa' min
piorar يصير الى الأسوأ ya-Siir ila al-as-wa'
piquenique نزهة خلوية nuz-ha kha-la-wiy-ya
pirâmide هرم ha-ram
piscina حمّام سباحة Ham-maam si-baa-Ha
piso: no piso على الأرض Aa-la al-arD
piso superior الدور الاعلى al-dawr al-ar-Dii
placa de sinalização طريق أشارة ichaa-rat Ta-riiq
plano (adj) مسطح mu-saT-TaH; (subst) خطة khiT-Ta
planta نبات na-baat
plástico بلاستيك blas-tik
plataforma رصيف ra-Siif
pneu إطار i-Taar
pó (talco) بودرة buud-ra
pobre فقير fa-qiir
pode, é possível: pode chover ربما rub-ba-ma
poder (v) تستطيع/يستطيع yas-ta-TiiA/tas-ta-TiiA; **eu não posso** أنا لا أستطيع ana la as-ta-TiiA
polícia شرطة chur-Ta
pomada مرهم mar-ham
ponte جسر jisr
ponto نقطة nuq-Ta
ponto de ônibus موقف حافلة maw-qaf Haa-fi-la

por causa de بسبب *bi-sa-bab*
por cento بالمائة *bil-mi-'a*
pôr do sol غروب *ghu-ruub*
pôr em funcionamento يشغل *yu-chagh-ghil*
por favor من فضلك *min faD-lak (m)/ min faD-lik (f)*
por quê? لما ذا؟ *li-maa-dha?*
porque لأن *li-'an-na*
porta باب *baab*
porta-malas شنطة *chan-Ta*
portanto لذلك *li-dha-lik*
portão de embarque بوابة *baw-waa-ba*
porto ميناء *mii-naa'*
posição موضع *muw-DiA*
possível ممكن *mum-kin*
possuir يملك *yam-luk*
pôster ملصق *mul-Saq*
posto de gasolina محطة بنزين *ma-HaT-Tat ban-ziin*
pouco قليل *qa-liil*
praia شاطئ *chaa-Ti'*
prancha de surfe لوح ركوب الاموج *lawH ru-kuub al-am-waaj*
prata فضة *faD-Da*
prático عملي *Aa-ma-lii*
prato طبق/لوحة *law-Ha/Ta-baq*
prazer سعادة *sa-Aaa-da*
prazer em conhecê-lo! بلقائك! أنا مسرور *ana mas-ruur bi-li-qaa-'ak!*
precisar حاجة *Haa-ja*
preço سعر *siAr*
preço muito caro نصب *naSb*
prédio ناطحة سحاب *naa-Ti-Hat sa-Haab*, مبنى *mab-naa*
preencher يملأ نموذج *yam-la' na-muu-zaj*
preferir يفضل *yu-faD-Dil*
preferivelmente بالأحرى *bil-aH-raa*

prego مسمار *mus-maar*
prêmio جائزة *jaa-'iza*
preparar يعد *yu-Aidd*
presente (subst) هدية *ha-diy-ya*
preservativo عازل طبي *Aaa-zil Tib-bii*
pressa: estar com pressa إستعجال *is-tiA-jaal*
pressão ضغط *DaghT*
pressão alta ضغط دم عالي *DaghT damm Aaa-lii*
pressão arterial ضغط دم *DaghT damm*
pressão baixa ضغط دم منخفض *DaghT damm mun-kha-fiD*
pressionar يضغط *yaD-ghaT*
pretender ينوي عمل *yan-wii Aa-mal*
preto أسود *as-wad*
prévio سابق *saa-biq*
previsão توقع *ta-waq-quA*
previsão do tempo توقعات الارصاد *ta-waq-qu-Aaat al-ar-Saad*
primeira classe درجة أولى *da-ra-ja uu-laa*
primeiro andar الطابق الاول *al-Taa-biq al-aw-wal*
primeiro أوّلا *aw-walan*
principal رئيسي *ra-'ii-sii*
prisão de ventre: com prisão de ventre لديه حالة امساك *la-day-hi Haa-lat im-saak*
problema مشكلة *much-ki-la*
procissão موكب *muw-kib*
procurar يبحث عن *yab-Hath*
produto منتج *mun-taj*
produtos de higiene الحمام والزين أدوات *a-da-waat al-Ham-maam wa al-zii-na*
profissão مهنة *mih-na*
profundo عميق *Aa-miiq*

programa برنامج *bar-naa-mij*
proibido ممنوع *mam-nuuA*
prometer وعد *waAd*
pronto مستعد *mus-ta-Aid*
propor يقترح *yaq-tariH*
propósito: de propósito عمد *Aamd*
proprietário(a) مالك/مالكة *maa-lik (m)/maa-li-ka (f)*
próprio ستي *tii*; **meu próprio carro** سيارتي *say-ya-ra-tii*
prospecto مطبوعة *maT-buu-Aa*
proteger يحمي *yaH-mii*
protetor solar حماية من اشعة الشمس كريم *krim Hi-maa-ya min a-chiA-Aat al-chams*
provador غرفة القياس *ghur-fat al-qi-yaas*
provavelmente على الأرجح *Aa-la al-ar-jaH*
próximo, perto قرب *qurb*
próximo, seguinte, ainda بعد *baAd*
público جمهور *jum-huur*
pulmão رئة *ri-'a*
pulôver فانلة *fa-ni-la*
punho معصم *miA-Sam*
puxar سحب *saHb*

Q

quadra de tênis ملعب التنس *mal-Aab al-te-nis*
quadril عظمة الفخذ *AaZ-mat al-fakhdh*
qual الذي *al-la-dhii*
qualidade نوعية *nuw-Aiy-ya*
quando عندما *Ain-da-ma*
quantas vezes? كم مرة؟ *kam mar-ra?*
quanto custa isto? كم سعر هذا؟ *kam siAr ha-dha?*
quanto tempo? ما مدة؟ *ma mud-dat?*
quantos anos você tem? عمرك كم *kam Aum-rak?*
quantos? كم؟ *kam?*
quarta-feira يوم الأربعاء *yawm al-ar-bi-Aaa'*
quarteirão مربع *mu-rab-baA*
quarto غرفة *ghur-fa*
quase تقريبا *taq-rii-ban*
quebrado مكسور *mak-suur*
quebrar يكسر *yak-sar*; **quebrar a perna** يكسر ساقه *yak-sar saa-quh*
queimadura حرق *Hurq*
queimadura de sol: ter uma queimadura de sol لفحة شمس *laf-Hit chams*
queimar يحرق *yaH-riq*; **queimar-se** يحرق نفسه/تحرق نفسها *yah-riq naf-su taH-riq naf-saha*
queixo ذقن *dhaqn*
quem? من؟ *man?*; **quem está falando?** من المتحدث؟ *man al-mu-ta-Had-dith?*
quente حار *Haar*; **está quente** الجو حار *al-jaw Haar*; **bebida quente** مشروب ساخن *mach-ruub saa-khin*
quente, caloroso دافئ *daa-fi'*
querer يريد *yu-riid*; **querer fazer algo** يريد القيام بـ *yu-riid al-qi-yaam bi*
querido عزيز *Aa-ziiz*
quilômetro كيلومتر *kii-lu-mitr*
quinta-feira يوم الخميس *yawm al-kha-miis*

R

racista عنصري Aun-Su-rii
radiador ردياتير rad-yaa-tir
rádio راديو rad-yuu
radiografia أشعة اكس achiA-Aat écs
rapidamente بسرعة bi-sur-Aa, سريعا sa-rii-Aan
rápido سريع sa-riiA
raquete مضرب maD-rab
raramente نادراً naa-di-ran
raro نادر naa-dir
razoável معقول maA-quul
reabrir يفتح ثانية yaf-taH thaa-ni-ya-tan
receber يستلم yas-ta-lim
receber uma ligação اتصال يتلقى ya-ta-laq-qa it-ti-Saal
receita وصفة waS-fa
recepção استقبال is-tiq-baal; **na recepção** بالاستقبال bil-is-tiq-baal
recepcionista موظف استقبال mu-waZ-Zaf is-tiq-baal
recibo, nota fiscal إيصال ii-Saal
reclamar يشتكي yach-ta-kii
recomendar يوصي yuw-Sii
reconhecer يميّز yu-may-yiz
recusar قمامة qi-maa-ma
redondo مستدير mus-ta-diir
reduzir يخفض yu-khaf-fiD
reembolsar يسترد الثمن yas-ta-ridd al-tha-man
reembolso استرداد الثمن is-tir-daad al-tha-man; **obter um reembolso** يسترد الثمن yas-taridd al-tha-man
refeição وجبة waj-ba
registrado مسجّل mu-saj-jal
Reino Unido المملكة المتحدة al-mam-la-ka al-mut-ta-Hi-da
remédio دواء da-waa'
remetente مُرسِل/مُرسِلة mur-sil (m)/ mur-si-la (f)
remover يزيل yu-ziil
repetir تكرار tik-raar
repousar يستريح yas-ta-riiH
reserva احتياطي iH-ti-yaa-Tii
reservado محجوز maH-juuz
reservar يحجز yaH-jiz
resfriado برد bard; **estar com resfriado** مصاب بنزلة برد mu-Saab bi-naz-lat bard
***resort* na praia** منتجع بجانب البحر mun-tajaA bi-jaa-nib al-baHr
responder يجيب yu-jiib
resposta إجابة ijaa-ba
restaurante مطعم maT-Aam
resto: o resto بقية ba-qiy-ya
retirar يسحب yas-Hab
retornar a ligação الاتصال يعاود yu-Aaa-wid al-it-ti-Saal
retrato صورة Suu-ra
reumatismo روماتيزم ru-maa-tizm
revelar: revelar um filme يحمّض yu-Ham-miD
revista مجلة ma-jal-la
rim كلية kil-ya
rio نهر nahr
rir يضحك yaD-Hak
risco خطر kha-Tar
rocha صخرة Sakh-ra
roda عجلة Aa-ja-la
rodovia الطريق السريع al-Ta-riiq al-sa-riiA
romance رواية ri-wa-ya
rosa *(cor)* قرنفلي qu-run-fu-lii
rosto وجه wajh
rotatória دوّار daw-waar
roubar يسرق yas-riq
roubo سرقة sa-ri-qa

roupa de banho ملابس سباحة ma-laa-bis si-baa-Ha
roupa íntima ملابس داخليّة ma-laa-bis daa-khi-liy-ya
roupas ملابس ma-laa-bis
roxo بنفسجي ba-naf-sa-jii
rua شارع chaa-riA
ruínas أطلال aT-laal; **em ruínas** مدمّر mu-dam-mar

S

sábado السبت al-sabt
sabão صابون Sa-buun
sabão em pó مسحوق الغسيل mas-Huuq al-gha-siil
saber يعرف yaA-rif
sabor نكهة nak-ha
saca-rolhas لولب لنزع فلين الزجاجات law-lab li-nazA fil-liin al-zu-jaa-jaat
saco de dormir كيس للنوم kiis lil-nawm
sacola plástica كيس بلاستيك kiis blas-tik
saia جيبة jii-ba
saída مخرج makh-raj
saída de emergência طوارئ مخرج makh-raj Ta-waa-ri'
sair يخرج yakh-ruj; **sair com** مع يخرج yakh-ruj ma-Aa
sal ملح malH
sala de concertos الحفلات الموسيقية قاعة qaa-Aat al-Ha-fa-laat al-muu-sii-qiy-ya
sala de estar غرفة المعيشة ghur-fat al-ma-Aii-cha
salgado يملّح yu-mal-liH; مالح maa-liH
sandálias صندل San-dal
sangrar ينزف yan-zif
sangue دم damm

sanitário feminino حمام السيّدات Ham-maam al-say-yi-daat
sanitário masculino حمّام الرجال Ham-maam al-ri-jaal
sapatos أحذية aH-dhi-ya
satisfeito مسرور mas-ruur
saúde صحة SiH-Ha
saúde/tintim! في صحتك fii SiH-Hi-tak
se لو law
secador de cabelos مجفف الشعر mu-jaf-fif chaAr
secar يجفف yu-jaf-fif
seco جاف jaaf
secretária eletrônica المكالمات جهاز استقبال ji-haaz is-tiq-baal al-mu-kaa-la-maat
século قرن qarn
sede عطش AaTach; **estar com sede** عطشان AaT-chaan
segunda mão مستعمل mus-taA-mal
segunda-feira الإثنين al-ith-nayn
segundo ثاني thaa-nii
segurado مأمون ma'-muun
segurança أمان a-maan
segurança, garantia أمن amn
segurar يمسك yum-sik
seguro (adj) آمن aa-min
seguro (subst) تأمين ta'-miin
seguro total تأمين شامل ta'-miin chaa-mil
selo طابع Taa-biA
selvagem متوحّش mu-ta-waH-Hich
sem دون duu-na
sem glúten خالي من الجلوتين khaa-lii min al-glu-tiin
semana أسبوع us-buuA
sempre دائما daa-'i-man
sempre em frente طوالي Taw-waa-lii

senha الرقم الشخصي *al-ra-qam al-chakh-Sii*
senhor سيد *say-yid*
senhora سيدة *say-yi-da*
senhorita آنسة *aa-nisa*
sensível حسّاس *Has-saas*
sentar-se يجلس *yaj-lis*
sentido حسّ *Hiss*
sentimento إحساس *iH-saas*
sentir يشعر *yach-Aur*; **sentir-se bem** يشعر بالسرور *yach-Aur bil-su-ruur*; **sentir-se insatisfeito** يشعر بعدم الرضا *yach-Aur bi-Aa-dam al-riDa*
separadamente على حدة *Aa-la Hi-da*
separado منفصل *mun-fa-Sil*
separar ينفصل *yan-fa-Sil*
ser (v) يكون/تكون *ya-kuun/ta-kuun*
sério جدّي *jid-dii*
serviço de informações الدليل إستعلامات *is-tiA-la-maat al-da-liil*
serviços domésticos اعمال منزلية *aA-maal man-zi-liy-ya*; **fazer os serviços domésticos** يقوم بالأعمال المنزلية *ya-quum bil-aA-maal al-man-zi-liy-ya*
servir: serve em você? هل هذا يناسبك؟ *hal ha-dha yu-naa-si-bak?*
seta مؤشّر *mu'ach-chir*
setembro سبتمبر *sab-tam-bar*, أيلول *ay-luul*
seu, dele ـه *uh*
seu, teu ك *ka*
seus خاصّتهم *khaaS-Sat-hum*
sexta-feira يوم الجمعة *yawm al-jumAa*
shopping center مركز تسوق *mar-kaz ta-saw-wuq*
shorts شورت *short*

show عرض *AarD*
significar يعني *yaA-nii*; **o que significa …?** ماذا يعني …؟ *maa-dha yaA-nii …?*
silencioso صامت *Saa-mit*
sim نعم *na-Aam*
sinal إشارة *i-chaa-ra*
Síria سوريا *suu-ri-ya*
slide مجموعة صور *maj-muu-Aat Su-war*
sob تحت *taHt*
sobre عن *Aan*
sobremesa طبق الحلو *Ta-baq al-Hilu*
sobrenome إسم العائلة *ism al-Aaa-'ila*
sobrenome de solteira الزواج الاسم قبل *al-ism qabl a-za-waaj*
socorrer يساعد *yu-saa-Aid*
socorro مساعدة *mu-saa-Aa-da*; **pedir socorro** يطلب مساعدة *yaT-lub mu-saa-Aa-da*; **socorro!** النجدة! *al-naj-da!*
socorro mecânico أعطال السيارات خدمة *khid-mat aA-Taal al-say-ya-raat*
sofrer يعاني *yu-Aaa-nii*
sol شمس *chams*
soletrar يتهجى *ya-ta-haj-ja'*
solteiro أعزب *aA-zab*
sombra ظلّ *Zill*; **à sombra** في الظل *fii al-Zill*
sombrinha, guarda-chuva شمسية *cham-siy-ya*
somente فقط *fa-qaT*
soneca غفوة *ghaf-wa*; **tirar uma soneca** يقيّل *yu-qay-yil*
sono نوم *nawm*
sonolento: estar sonolento نعسان *naA-saan*
sorte حظّ *HaZZ*; **estar com sorte** محظوظ *maH-ZuuZ*

DICIONÁRIO PORTUGUÊS-ÁRABE

171

subúrbio ضاحية *Daa-Hi-ya*
suco عصير *Aa-Siir*
suéter سويتر *su-weater*
suficiente كاف *ka-fi*; **é suficiente** هذا يكفي *ha-dha yak-fi*
sugerir يقترح *yaq-ta-riH*
sujo قذر *qadhir*
sul جنوب *ja-nuub*; **no sul** في الجنوب *fii al-ja-nuub*; **(ao) sul de** في الناحية الجنوبية *fii al-naa-Hiya al-ja-nuu-biy-ya*
suor عرق *Aa-raq*
supermercado مركز تسوق كبير *mar-kaz ta-saw-wuq ka-biir*
suplemento ملحق *mul-Haq*
surdo أصم *aSamm*
surfe ركوب الأمواج *ru-kuub al-am-waaj*; **praticar surfe** يركب الأمواج *ya-kab al-am-waaj*
surpreender يفاجيء *yu-faa-ji'*
surpresa مفاجأة *mu-faa-ja'a*
sutiã سوتيانة *sut-yaa-na*
suvenir تذكار *tidh-kaar*

T

tabaco, fumo تبغ *tabgh*
tabela de horários جدول المواعيد *jad-wal al-ma-waa-Aiid*
talvez ربّما *rub-ba-ma*
tamanho مقاس *ma-qaas*
também أيضا *ay-Dan*
tampão, absorvente interno فوطة صحية نسائية *fuu-Ta SiH-Hiy-ya ni-saa-'iy-ya*
tampões de ouvido سدادات الأذن *sa-da-daat al-udhun*
tão breve quanto possível بأسرع ما يمكن *bi-asraA ma yum-kin*
tapete سجّادة *sij-jaa-da*

tarde (adj) متأخّرا *mu-ta'akh-khir*
tarde (subst) فترة *fat-ra*
tarifa أجرة *ujra*
tarifa com desconto أجرة مخفضة *uj-ra mu-khaf-fa-Da*
tarifa normal, preço cheio أجرة كاملة/سعر كامل *uj-ra kaa-mi-la/siAr kaa-mil*
taxa de câmbio نسبة التغيير *nis-bat al-tagh-yiir*
táxi تاكسي *tak-sii*
taxista سائق تاكسي *saa-'iq tak-sii*
tchau! مع السلامة! *ma-Aa al-sa-laa-ma!*
teatro مسرح *mas-raH*
telefonar يتصل بالتليفون *yat-ta-Sil bil-te-le-fuun*
telefone تليفون *te-le-fuun*
telefone celular محمول *maH-muul*
telefonema مكالمة تليفونية *mu-kaa-la-ma te-le-fuu-niy-ya*; **fazer/dar um telefonema** يعمل مكالمة تليفونية ل *yaA-mal mu-kaa-la-ma te-le-fuu-niy-ya li*
telefonista عامل السويتش *Aaa-mil al-switch*
televisão تلفزيون *ti-li-viz-yuun*
temperatura حرارة *Ha-raa-ra*; **medir a temperatura de alguém** يقيس الحرارة *ya-qiis al-Ha-raa-ra*
tempestade عاصفة *Aaa-Si-fa*
tempo وقت *waqt*; **de tempos em tempos** من حين الى آخر *min Hiin ila aa-khar*
tempo, clima طقس *Taqs*; **o tempo está ruim** الطقس سيء *al-Taqs say-yi'*
temporada فصل *faSl*
temporário مؤقّت *mu'aq-qat*

tênis (modalidade esportiva) التنس luA-bat al-te-nis; (calçado) حذاء التنس Hi-dhaa' al-te-nis
tentar يحاول yu-Haa-wil; **tentar fazer algo** يحاول ان يقوم بـ yu-Haa-wil an ya-quum bi
ter يتناول ya-ta-na-wal
ter de يضطر الى yaD-Tarr ila
terça-feira يوم الثلاثاء yawm al-thu-la-thaa'
terminal محطة ma-HaT-Ta
terminal de ônibus, rodoviária موقف أتوبيس maw-qaf utu-biis
terminar ينهي/ينتهي yun-hii/yan-ta-hii
termômetro ميزان حرارة mi-zaan Ha-raa-ra
terra أرض arD
térreo الطابق الأرضي al-Taa-biq al-ar-Dii
terrível رهيب ra-hiib
tesoura مقص mi-qaSS
testa جبين ja-biin
tigela قصعة qaS-Aa
tímido(a) خجلان khaj-laan (m)/ khaj-laa-na (f)
tinturaria a seco الجاف للملابس محل التنظيف ma-Hal al-tan-ziif al-jaaf lil-ma-laa-bis
tio (paterno) عم Aamm
típico نموذجيّ na-muu-zaji
tipo طباعة Ti-baa-Aa
tipo: que tipo de نوع nawA
toalete حمّام Ham-maam
toalha فوطة fuu-Ta
toalha de banho فوطة حمّام fuu-Tat Ham-maam
toalha de rosto فوطة الوجه fuu-Tat al-wajh
tocar, encostar لمسة lam-sa

toda semana طول الأسبوع Tuul al-us-buuA
todo كل kull; **todo dia** كل يوم kull yawm
todo dia طول اليوم Tuul al-yawm
todo o mundo كل شخص kull chakhS
todo, inteiro كل kull; **o bolo todo** كل الكعكة kull al-kaA-ka
tolerar يتحمّل ya-ta-Ham-mal
tomada فيشة fii-cha
tomar emprestado يقترض yaq-ta-riD
topo قمة qim-ma; **no topo** على قمة Aa-la al-qim-ma
torneira حنفية Ha-na-fiy-ya
tornozelo كاحل kaa-Hil
torta فطيرة fa-tii-ra
tosse كحّة kuH-Ha; **estar com tosse** يعاني من الكحّة yu-Aaa-nii min al-kuH-Ha
tossir يكح ya-kuH
trabalhar يعمل yaA-mal
trabalho عمل Aa-mal
tradicional تقليديّ taq-lii-dii
traduzir يترجم yu-tar-jim
trailer سيّارة سكنيّة say-ya-ra sa-ka-niy-ya
trajar, vestir يلبس yal-bis
trancar قفل qifl
trânsito, tráfego حركة مرور Ha-ra-kat al-mu-ruur
traveler's checks شيكات سياحية chi-kaat si-yaa-Hiy-ya
travesseiro وسادة wi-saa-da
trazer يُحضر yuH-Dir
trem قطار qi-Taar; **pegar o trem para Aswan** يستقل القطار الى أسوان yas-ta-qil al-qi-Taar ila
trilha ممر ma-marr

triste حزين *Ha-ziin*
trocado تغيير *tagh-yiir*
tudo طول *Tuul*; **tudo igual** سواء كلهم *kul-luhum sa-waa'*; **tudo incluído** شامل كل التكاليف *chaa-mil al-ta-ka-liif*
tumba مقبرة *maq-ba-ra*
Tunísia تونس *tuu-nis*
turista سائحة/سائح *saa-'iH (m)/ saa-'iHa (f)*

U

último ماضي *maa-Dii*; **último ano** العام الماضي *al-Aaam al-maa-Dii*
um pouco بقدر قليل *bi-qadr qa-liil*
um quarto ربع *rubA*; **um quarto de hora, quinze minutos** ساعة ربع *rubA saa-Aa*; **um quarto para as dez, quinze para as dez** العاشرة إلا ربع *al-Aaa-chi-ra il-la rubA*
um, uma واحدة/واحد *waa-Hid (m)/ waa-Hi-da (f)*
uma vez que بمجرد *bi-mu-jar-rad*
úmido رطوبة *ru-Tuuba*
urgente ملح *mu-liH*
urinar تبول *ta-baw-wal*
usar يستخدم *yas-takh-dim*; **ser usado para** يستخدم لـ *yus-takh-dam li*
usualmente عادةً *Aaa-da-tan*
útil مفيد *mu-fiid*

V

vacinado محصّن ضد *mu-HaS-San Did*
vaga de estacionamento السيارة لركن مكان *ma-kaan li-rakn al-say-ya-ra*

vale واد *waa-dii*
validade expirada منتهى الصلاحية *mun-ta-hii al-Sa-laa-Hiy-ya*
válido صالح *Saa-liH*; **válido (para)** صالح لـ *Saa-liH li*
valor قيمة *qii-ma*
varanda شرفة *chur-fa*
vareta de fixação (de barraca) وتد الخيمة *wa-tad al-khay-ma*
vários عدة *Aid-da*
vazar يتسرب *ya-ta-sar-rub*
vazio فارغ *faa-righ*
vegetariano نباتي *na-baa-tii*
vela شمعة *cham-Aa*
vela de ignição مشعل *mich-Aal*
velejar شراع *chi-raaA*
velejo الابحار بالمراكب الشراعية *al-ib-Haar bil-ma-raa-kib al-chi-raa-Aiy-ya*; **ir velejar** يبحر *yub-Hir*
velho عمر *Aumr*
velocidade سرعة *sur-Aa*
venda: à venda للبيع *lil-biiA*
vendedor مساعد مبيعات *mu-saa-Aid ma-bii-Aaat*
vender يبيع *ya-biiA*
ventilador مروحة *mar-wa-Ha*
vento ريح *riiH*
ver يرى *yara*
verão فصل الصيف *faSl al-Sayf*
verdadeiro صحيح *Sa-HiiH*
verde أخضر *akh-Dar*
vergonha عار *Aaar*
verificar تدقيق *tad-qiiq*
vermelho أحمر *aH-mar*
vespa دبور *dab-buur*
vestir-se يرتدي الملابس *yar-ta-dii al-ma-laa-bis*
vez: uma vez مرّة واحدة *mar-ra waa-Hi-da*; **duas vezes** مرّتين *mar-ra-tayn*; **três/quatro vezes**

ثلاث/مرات أربع tha-laath/ar-baA mar-raat; é a sua vez دور dawr
viagem رحلة riH-la
viajar سفر sa-far
vida حياة Ha-yaah
vilarejo قرية qar-ya
vinho خمر khamr
vinho tinto خمر أحمر khamr aH-mar
vir يأتي ya'-tii
virar يلف ya-liff
visita زيارة zi-yaa-ra
visita guiada جولة مع مرشد jaw-la maAa mur-chid
visitar يزور ya-zuur
vista منظر man-Zar
vista para o mar مطل على البحر man-Zar mu-Till Aa-la al-baHr
visto تأشيرة ta'-chii-ra
viver حي Hayy
vivo(a) حيّه/حيّ Hayy/Hayy-ya

vizinho جار jaar
voar يطير ya-Tiir
você أنت an-ta
voltar عودة Auw-da, يعود ya-Auud
vômito قيء qay'
voo رحلة riH-la

W

website موقع على الانترنت muw-qiA Aa-la al-in-ter-net
xampu شامبو cham-buu
xarope شراب cha-raab
xícara فنجان fin-jaan

Z

zero صفر Sifr
zoológico حديقة حيوان Ha-dii-qat Ha-ya-waan

GRAMÁTICA

Artigos

O **artigo indefinido** (*um/uma*) não existe em árabe. Assim, na falta de um artigo definido ou de outra forma de definição, o substantivo fica indefinido.

um hotel فندق *fun-duq*
um ingresso تذكرة *tadh-ka-ra*

O **artigo definido** (*o/a*) em árabe consiste num prefixo, الـ (pronunciado e transcrito como *al*), que é integrado ao substantivo. Usado para substantivos de qualquer gênero ou número, esse prefixo também se liga a qualquer adjetivo que modifica o substantivo:

a língua árabe	اللغة العربية	*al-lu-gha al-Aa-ra-biy-ya*
as garotas jovens	الصغيرات الفتيات	*al-fa-ta-yaat al-sa-ghii-raat*
a lista telefônica	دليل التليفون	*da-liil al-te-le-fuun*

Substantivos

Os substantivos em árabe são masculinos ou femininos. A maioria dos substantivos femininos termina com o som ة (pronunciado como *ah* ou simplesmente *a*). A maioria dos substantivos masculinos pode ser alterada para o feminino, acrescentando-se o sufixo ة.

	masculino singular	feminino singular
professor/professora	مُعلّم *mu-Aal-lim*	مُعلّمة *mu-Aal-lima*
estudante	طالب *Taa-lib*	طالبة *Taa-liba*
amigo/amiga	صَديق *Sa-diiq*	صَديقة *Sa-dii-qa*

O sufixo *a* é o marcador do gênero feminino para o substantivo que termina com um ة. Este ة é pronunciado como ت *t* somente quando o substantivo é seguido por outra palavra, geralmente como no caso de *iDaafa* (genitivo) ou num predicado. Por exemplo:

جاءت المعلمة *jaa-'at al-mu-Aal-li-ma* (a professora veio)
هذه معلمة العلوم *ha-dhi-hi mu-Aal-li-mat al-Au-luum* (esta é a professora de ciências)

Quanto ao número, os substantivos em árabe podem ser de três tipos: singular, dual e plural. A forma dual é utilizada para a segunda e terceira pessoas e se refere a dois de algo *grosso modo*, o equivalente a dizer "vocês dois" ou "aqueles dois"), portanto o dual se refere a dois e o plural, a mais de dois. Formar substantivos duais depende do gênero e do caso do substantivo numa oração ou frase. Para transformar um substantivo masculino singular do caso nominativo numa forma dual, você simplesmente adiciona o sufixo ان *aan*. Se os substantivos estiverem no caso acusativo, dativo ou genitivo, adicione o sufixo ين *ayn*. Um substantivo feminino singular pode ser alterado para a forma dual mediante o acréscimo do sufixo تان *taan* no nominativo, e تين *tayn* nos casos acusativo, dativo e genitivo:

masculino

(sing.) um homem رجل *ra-jul*

(dual/nom.) dois homens رجلان *ra-ju-laan*

(dual/ac., dat., gen.) dois homens رجلين *ra-ju-layn*

feminino

(sing.) uma palavra كلمة *ka-li-ma*

(dual/nom.) duas palavras كلمتان *ka-li-ma-taan*

(dual/ac., dat., gen.) duas palavras كلمتين *ka-li-ma-tayn*

Os substantivos na forma plural em árabe podem ser de três grupos: masculino, feminino e irregular.

دراجة *dar-ra-ja* (bicicleta) → دراجات *dar-ra-jaat* (bicicletas), por exemplo:
هل يوجد مكان لترك الدراجات؟ *hal yuu-jad ma-kaan li-tark al-dar-ra-jaat?*
há algum lugar em que possamos deixar nossas bicicletas?

Para a forma masculina plural, adiciona-se ou o sufixo ون (*uun*) ou o sufixo ين (*iin*), dependendo da posição do substantivo na frase:

المرشد *al-mur-chid* (guia) → المرشدون *al-mur-chi-duun* (guias) no nominativo

المرشد *al-mur-chid* (guia) → المرشدين *mur-chi-diin* (guias) no acusativo e no genitivo

حضر المرشدون *ah-Da-ra al-mur-chi-duun* (os guias chegaram)

هل تفتح البنوك ايام السبت؟ *hal taf-taH al-bu-nuuk ay-yaam al-sabt?* os bancos abrem aos sábados?

Não há uma regra específica para transformar substantivos singulares em substantivos irregulares plurais. Na maioria dos casos, os substantivos devem ser decorados, e eles seguem certas formas que um falante não nativo não vai achar fácil lembrar. Exemplos dessas formas são:

صورة Suu-ra (foto) → صور Su-war (fotos)
طالب Taa-lib (estudante) → طلبة Ta-la-ba (estudantes)
تذكرة tadh-ka-ra (ingresso) → تذاكر ta-dhaa-kir (ingressos)
لعبة luA-ba (jogo) → الالعاب al-Aaab (jogos)

Adjetivos

Os adjetivos são inseridos depois dos substantivos que eles qualificam e concordam com eles em gênero e número. Entretanto, em caso de substantivos irregulares e inanimados, embora eles não tenham o *uun* ou *iin* como sufixo, os adjetivos a eles ligados podem ficar com essas terminações, ou pode ser que seja usada a forma singular. Um adjetivo ligado a um substantivo feminino terá o sufixo ة (pronunciado e transcrito como *a*).

uma porta pequena (masculino) باب صغير bab Sa-ghiir
duas portas pequenas بابين صغيرين / بابان صغيران ba-baan sa-ghii-raan / ba-bayn sa-ghii-rayn
portas pequenas أبواب صغيرة ab-waab sa-ghii-ra
um carro novo (feminino) سيارة جديدة say-ya-ra ja-dii-da
dois carros novos سيارتان جديدتان / سيارتين جديدتين say-ya-ra-taan ja-dii-da-taan / say-ya-ra-tayn jadii-da-tayn
carros novos سيارات جديدات say-ya-raat jadi-daat

Adjetivos em grau comparativo e superlativo têm a mesma forma em árabe, independentemente do gênero. Para formá-los, você deverá identificar o radical da palavra (a forma básica) e então adicionar *a* antes da última consoante. Na forma comparativa, após formar o adjetivo, você terá de acrescentar a preposição *min* após ele. No superlativo, o adjetivo deverá ser precedido do artigo *al*:

alto طويل Ta-wiil
→ o radical é ط و ل Twl
→ o comparativo (mais alto) será أطول aT-wal
Samy é mais alto do que Hany سامي أطول من هاني Samy aT-wal min Hany
o superlativo (o mais alto) será الأطول al-aT-wal
Ahmad é o estudante mais alto da classe أحمد أطول تلميذ في الفصل AHmad aT-wal til-miidh fii al-faSl

Advérbios

Em árabe os advérbios não têm uma forma específica. Desse modo, eles devem ser aprendidos como itens individuais do vocabulário.

Pronomes

Há três tipos de pronome em árabe: pronomes pessoais, pronomes oblíquos e pronomes demonstrativos.

Os pronomes pessoais possuem 12 formas. A segunda pessoa (tu/você) e a terceira pessoa (ele/ela) têm formas diferentes para o masculino e o feminino. As segunda e terceira pessoas têm, portanto, uma forma especial chamada de forma **dual**, que se refere a dois de algo (*grosso modo*, o equivalente a dizer "vocês dois" ou "aqueles dois"), de modo que a forma dual refere-se a algo duplo, sendo que o plural é sempre mais de dois.

Pronomes pessoais do caso reto

			forma dual
eu	أنا	*an-a*	
tu/você (m sing.)	أنتَ	*an-ta*	
tu/você (f sing.)	أنتِ	*an-ti*	
ele	هو	*hu-wa*	
ela	هي	*hi-ya*	
nós	نحن	*naH-nu*	
vocês/vós (m pl.)	أنتم	*an-tum*	أنتما *an-tu-ma*
vocês/vós (f pl.)	أنتنَّ	*an-tun-na*	أنتما *an-tu-ma*
eles	هم	*hum*	هما *hu-ma*
elas	هنَّ	*hun-na*	هما *hu-ma*

Pronomes oblíquos assumem a forma de sufixos que são acrescentados aos verbos para denotar o objeto direto.

			forma dual
me	ي	*-ii*	
te (m sing.)	كَ	*-k*	
te (f sing.)	كي	*-kii*	
o	ـه	*-h*	
a	ها	*-ha*	
nos	نا	*-na*	
vos (m pl.)	كم	*-kum*	كما *-ku-ma*
vos (f pl.)	كنَّ	*-kun-na*	كما *-ku-ma*

os	هم -hum	هما -hu-ma
as	هن -hun-na	هما -hu-ma

Há três **pronomes demonstrativos** na língua árabe, **este/esta**, **aquele/aquela** e **estes/estas**.

este	هذا ha-dha
esta	هذه ha-dhi-hi
aquele	ذاك dha-ka
aquela	تلك til-ka
estes (dual m)	هذان ha-dhaan
estas (pl. dual f)	هاتان ha-taan
aqueles/aquelas (pl. m/f)	هؤلاء ha-ulaa'

  livro كتاب ki-taab
  meu livro كتابي ki-taa-bii
  nosso livro كتابنا ki-taa-ba-na
  teu/seu livro كتابك ki-taa-bak
  teu/seu livro (dual m/f) كتابكما ki-taa-ba-ku-ma
  teu/seu livro (pl. m) كتابكم ki-taa-ba-kum
  teu/seu livro (pl. f) كتابكن ki-taa-ba-kun-na
  seu (dele) livro كتابه ki-taa-ba-hu
  seu (dela) livro كتابها ki-taa-baha
  seu (dual – deles dois/delas duas) livro كتابهما ki-taa-bahuma
  seu (deles) livro كتابهم ki-taa-ba-hum
  seu (delas) livro (pl. f) كتابهن ki-taa-ba-hun-na

Para formar um pronome oblíquo, você só precisa adicionar o sufixo apropriado ao substantivo. Com pronomes oblíquos você precisará repetir o substantivo na segunda parte da oração (abaixo, o substantivo *kitaab* é mencionado duas vezes). Observe que as letras adicionadas entre o substantivo e os sufixos não são parte da palavra original e não aparecem na escrita árabe (são marcadas por diacríticos). Elas apenas representam o som específico necessário à vocalização do substantivo de acordo com sua posição na oração. (Ver, por exemplo, o *a* em *kitaba-ba**k**.)

  este é o teu/seu livro e este é o meu (primeira pessoa/sing.) كتابك وهذا كتابي
  هذا *ha-dha ki-taa-bak wa ha-dha ki-taa-bii*
  este é o meu livro e aquele é o teu/seu (segunda pessoa/sing.) وهذا كتابك
  كتابي هذا *ha-dha ki-taa-bii wa ha-dha ki-taa-bak*
  este é o teu/seu livro e este é o dela (terceira pessoa/sing. f) كتابك وهذا كتابها
  هذا *ha-dha ki-taa-bak wa ha-dha ki-taa-ba-ha*
  este é o teu/seu livro e este é o dele (terceira pessoa/sing. m) وهذا كتابه
  هذا كتابك *ha-dha ki-taa-bak wa ha-dha ki-taa-buh*

este é o teu/seu livro e este é o deles dois/delas duas (terceira pessoa/ dual m/f) هذا كتابك وهذا كتابهما *ha-dha ki-taa-bak wa ha-dha ki-taa-ba-hu-ma*

este é o teu/seu livro e este é o de vocês dois/duas (segunda pessoa/dual m/f) هذا كتابك وهذا كتابكما *ha-dha ki-taa-bak wa ha-dha ki-taa-ba-ku-ma*

este é o teu/seu livro e este o nosso (primeira pessoa/plural) هذا كتابك وهذا كتابنا *ha-dha ki-taa-bak wa ha-dha ki-taa-ba-na*

este é o livro dela e este o deles (pl. m) هذا كتابها وهذا كتابهم *ha-dha ki-taa-ba-ha wa ha-dha ki-taa-ba-hum*

este é o livro dele e este o delas (pl. f) هذا كتابه وهذا كتابهنّ *ha-dha ki-taa-buh wa ha-dha ki-taa-ba-hun-na*

Verbos

Em árabe os verbos geralmente são regulares e são formados a partir do acréscimo de prefixos e sufixos a um radical. A tabela abaixo apresenta os prefixos e sufixos para todos os verbos no presente, no passado perfeito e imperfeito. Você precisa identificar o radical do verbo e, então, pode flexioná-lo de acordo com o sujeito. Como exemplo, inserimos abaixo as diferentes formas do verbo شرب *charaba* (beber), conjugado com sujeitos diferentes. O radical em árabe é composto de três letras ب ر ش *ch r b*, que se pronuncia *charaba*. O radical de um verbo é geralmente igual à forma da terceira pessoa do masculino, no passado: هو شرب *huwa charaba* ele bebeu. Observe que todos os verbos no dicionário são transliterados na terceira pessoa do masculino. Para chegar ao infinitivo e conjugá-lo com outros sujeitos, você precisará retirar o prefixo ﻳـ *ya* e substituí-lo pelo prefixo apropriado.

Presente

No tempo presente, deve-se adicionar um *a* antes da última consoante:

singular
   1ª pessoa   **a**-chrab (ach-r**a**b)
   2ª pessoa m   **ta**-chrab (tach-r**a**b)
   2ª pessoa f   **ta**-chrab-**ii-na** (tachr**a**-biina)
   3ª pessoa m   **ya**-chrab (yach-r**a**b)
   3ª pessoa f   **ta**-chrab (tach-r**a**b)

dual
   2ª pessoa m   **ta**-chrab-**an** (tach-r**a**b-na)
   2ª pessoa f   **ta**-chrab-**an** (tach-rab-na)
   3ª pessoa m   **ya**-chrab-**an** (yach-rab-na)
   3ª pessoa f   **ta**-chrab-**an** (tach-rab-na)

plural
 1ª pessoa **na**-chrab (*nach-rab*)
 2ª pessoa m **ta**-chrab-**uun** (*tachra-buun*)
 2ª pessoa f **ya**-chrab-**na** (*yach-rab-na*)
 3ª pessoa m **ya**-chrab-**uun** (*yachra-buun*)
 3ª pessoa f **ya**-chrab-**na** (*tach-rab-na*)

Passado (perfeito)

O passado perfeito denota uma ação já completa. Para compô-lo, adicionam-se os seguintes sufixos à forma básica do passado.

singular
 1ª pessoa charab-**tu** (*charab-tu*)
 2ª pessoa m charab-**ta** (*charab-ta*)
 2ª pessoa f charab-**ti** (*charab-ti*)
 3ª pessoa m charab-**a** (*charaba*)
 3ª pessoa f charab-**at** (*charabat*)

dual
 2ª pessoa m charab-**tuma** (*charab-tuma*)
 2ª pessoa f charab-**tuma** (*charab-tuma*)
 3ª pessoa m charab-**a** (*charaba*)
 3ª pessoa f charab-**ata** (*charabata*)

plural
 1ª pessoa charab-**na** (*charab-na*)
 2ª pessoa m charab-**tum** (*chrab-tum*)
 2ª pessoa f charab-**tun-na** (*charab-tun-na*)
 3ª pessoa m charab-**uu** (*charabuu*)
 3ª pessoa f charab-**na** (*charab-na*)

Imperfeito

O imperfeito descreve uma ação em progresso, ou seja, uma ação não concluída, e é formado a partir do acréscimo de um sufixo e de um prefixo à forma verbal. O verbo do exemplo abaixo é يشرب *yachrab* (beber).

singular
 1ª pessoa **a**-chrab
 2ª pessoa m **ta**-chrab
 2ª pessoa f **ta**-chrab**iin**
 3ª pessoa m **ya**-chrab
 3ª pessoa f **ta**-chrab

dual
2ª pessoa m	**ta**-chrab**aan**
2ª pessoa f	**ta**-chrab**aan**
3ª pessoa m	**ya**-chrab**aan**
3ª pessoa f	**ya**-chrab**aan**

plural
1ª pessoa	**na**-chrab
2ª pessoa m	**ta**-chrab**uun**
2ª pessoa f	**ta**-chrab**na**
3ª pessoa m	**ya**-chrab**uun**
3ª pessoa f	**ya**-chrab**na**

Negativas

Para formar a negativa, a forma presente do verbo (que já está conjugada com um prefixo concordando com o sujeito) é precedida de uma das partículas de negação. Há uma partícula específica para negar cada tempo verbal.

لا *laa* Indica a negação de algo, tal como um fato ou hábito, por exemplo:
انا لا ادخن *ana laa u-dakh-khin* eu não fumo

لم *lam* nega um fato passado, por exemplo:
لم اذهب الى المتحف *lam adh-hab ila al-mat-Haf* eu não fui ao museu

لن *lan* nega um fato futuro, por exemplo:
لن تذهب زوجتي الى الطبيب غدا *lan tadh-hab zaw-ja-tii ila al-Ta-biib gha-dan* minha esposa não irá ao médico amanhã

FERIADOS E FESTAS

Feriados nacionais

Órgãos do governo, bancos e a maioria das lojas ficam fechados nesses dias.

7 de janeiro	**Natal Copta**
25 de abril	**Dia da Libertação do Sinai**, celebra a retirada das tropas israelitas da Península do Sinai
1º de maio	**Dia do Trabalho**
18 de junho	**Dia da Libertação** (*Eid al Jalaa*), comemora a retirada das tropas estrangeiras do Egito em 1954
23 de julho	**Dia da Revolução** (*Al Thawra*), festa nacional do Egito, em comemoração à revolução de 1952, que extinguiu o regime monárquico e introduziu o regime republicano no Egito
6 de outubro	**Dia das Forças Armadas**, celebra a entrada do exército egípcio no Sinai, em 1973
24 de outubro	**Dia de Suez** ou **Dia da Resistência Popular**, comemora o cessar-fogo em 1973, que restituiu o controle do Canal de Suez ao Egito
2 de dezembro	**Festa Nacional** nos Emirados Árabes Unidos
23 de dezembro	**Dia da Vitória**, comemora a guerra travada em solo egípcio, em 1956, entre o Egito, o Reino Unido, a França e Israel, após a nacionalização do Canal de Suez

Festas religiosas

O calendário islâmico ou **hijri** é o calendário lunar usado pelos muçulmanos em toda parte para determinar as datas corretas dos feriados islâmicos. O calendário remonta ao ano em que o profeta Maomé migrou de Meca para Medina (evento conhecido como **Hijra**), de forma que o ano escrito em números é precedido da abreviatura AH (do latim, *anno Higirae*). O AH 1429 corresponde a 2008 no calendário ocidental.

O calendário islâmico tem 12 meses por ano e é cerca de 11 dias mais curto do que o ano solar. Os feriados islâmicos não são fixos, e geralmente caem 11 dias antes a cada ano.

Todos os feriados religiosos dos muçulmanos são comemorados no mundo dos falantes árabes, mas cada país específico tem seus próprios feriados religiosos.

O **Natal Copta** é celebrado nos dias 6 e 7 de janeiro. Na noite do dia 6, os cristãos coptas vão à igreja para assistir a uma Missa do Galo. Depois fazem uma ceia com peru. Na manhã do dia 7, as pessoas trocam presentes e as crianças visitam os avós para o almoço de Natal.

Vários cristãos do Oriente Médio celebram o Natal no dia 25 de dezembro, embora alguns costumes sejam diferentes dos ocidentais.

O **Dia de Arafat** é o nono dia do mês islâmico de *Dhul-Hij-ja* (o mês da peregrinação). Ele marca o ápice da peregrinação anual dos muçulmanos a Meca (Arábia Saudita), conhecida como **Haji**. Os peregrinos passam o dia todo, do amanhecer até o anoitecer, rezando por perdão. Os muçulmanos que não fazem a peregrinação em geral passam o dia jejuando e rezando.

O festival de **Eid al-ADha** marca o fim da peregrinação a Meca e geralmente dura quatro dias. Ele homenageia o profeta Abraão, que estava disposto a sacrificar o próprio filho se Deus assim o desejasse (Deus, porém, lhe deu um carneiro para sacrificar em lugar do filho). No alvorecer do primeiro dia do festival, os muçulmanos vão rezar na mesquita, e toda família deve matar uma ovelha ou cabra para dividir com os pobres e necessitados. Os jovens visitam seus parentes mais velhos e as famílias se reúnem para comer na casa do membro mais velho. No Egito, o prato tradicional é a sopa chamada "fata", feita com cordeiro e pão.

Al hijra é o Ano-Novo islâmico, que acontece no primeiro dia do mês de Muharram, para comemorar a "hijra". As pessoas geralmente celebram a data com uma refeição em família e são estimuladas a refletir sobre o sentido da "hijra".

Mawlid al-nabi acontece no terceiro mês do calendário islâmico (*Rabi' al-awwal*), e celebra o nascimento do profeta Maomé. Trata-se de uma festa comparável ao Natal: as pessoas decoram suas casas, vestem suas melhores roupas e fazem um almoço especial com familiares e amigos. Elas trocam cartões e presentes, fazem e distribuem doces. As pessoas também se reúnem para ouvir líderes religiosos contando histórias sobre a vida do profeta.

Chamm al-Nasiim ("o cheiro da primavera") é uma data que – acredita-se – tem sido celebrada pelos egípcios há mais de 4500 anos para marcar o início da primavera. Ela acontece no equinócio de primavera. No Egito antigo, as pessoas costumavam oferecer ovos, peixe salgado, alface e cebola aos deuses. Hoje em dia elas consomem esses alimentos em piqueniques que fazem nesse dia.

Ramadã é o nono mês do calendário lunar islâmico e o mês mais quente do ano. Ao longo do mês, os adultos devem jejuar do amanhecer até o anoitecer, assim como se abster de ter relações sexuais e de fumar. No pôr do sol antes de ir rezar na mesquita eles podem quebrar o jejum com uma pequena refeição conhecida como "iftar". Outra refeição, a "suhuur", é permitida logo após o nascer do dia. Durante o Ramadã, os muçulmanos são estimulados a manter pensamentos puros, praticar boas ações e contemplar sua fé.

Eid al-Fitr (às vezes chamado apenas de **Eid**) é uma festa de três dias que marca o fim do Ramadã. É uma ocasião alegre que celebra o fim do jejum, assim como a força espiritual que dizem que ele traz. Ela começa oficialmente com a primeira aparição da lua nova. Os muçulmanos se levantam cedo para ir aos grandes e cerimoniosos cultos públicos, em seguida vestem suas melhores roupas e se reúnem para refeições comemorativas. A tradição prevê também que as pessoas devem dar dinheiro aos pobres nessa época.

ENDEREÇOS ÚTEIS

NO BRASIL

Embaixada da República Árabe do Egito em Brasília
End.: SEN Av. das Nações Lote 12 – Brasília/DF (70800-914)
Tel.: (0xx61) 3323-8800
Fax: (0xx61) 3323-1039
E-mail: embegito@opendf.com.br
Website: http://www.opengate.com.br/embegito/

Consulado do Egito no Rio de Janeiro
End.: Rua Muniz Barreto, 741 – Botafogo – Rio de Janeiro/RJ (22251-090)
Tel.: (0xx21) 2554-6664/6318
Fax: (0xx21) 2552-8997

Escritório Comercial do Egito em São Paulo
End.: Av. Paulista 726, 8º andar, conj. 802 – São Paulo/SP (01310-910)
Tel.: (0xx11) 3284-8184
Fax: (0xx11) 3283-5187
E-mail: emb.egito@sti.com.br

Embaixada dos Emirados Árabes Unidos no Brasil
End.: SHIS QI 05 Chácara 54 – Lago Sul – Brasília/DF (71600-580)
Tel.: (0xx61) 3248 0717
Fax: (0xx61) 3248 7543
Website: http://www.uae.org.br/

NO EGITO

Embaixada do Brasil no Cairo
End.: 1125, Corniche El Nil Avenue – Maspero – Cairo 11561
Tel.: (00xx20) 2 2577-3013
Fax: (00xx20) 2 2577-4860
Website: http://cairo.itamaraty.gov.br/pt-br/

Consulado Honorário do Brasil em Alexandria – Egito
End.: Wataneya Towers, Tower #1, 14th May Road
Smouha – Alexandria 21615 / Egito
Tel.: (00xx20) 3 382-2224
Fax.: (00xx20) 3 382-2227
E-mail: **ashraf@egtraders.com**

NOS EMIRADOS ÁRABES UNIDOS

Embaixada do Brasil em Abu-Dhabi
Madinat Zayed, Street Nº 5, Villa Nº 3 – P. O. Box 3027 – Abu Dhabi
Tel.: (00xx9712) 632-0606 (Geral)
Fax: (00xx9712) 632-7727
E-mail: **abubrem@emirates.net.ae**
Website: **http://abudhabi.itamaraty.gov.br/pt-br/**

TABELAS DE CONVERSÃO

MEDIDAS

Os países de língua árabe usam exclusivamente o sistema métrico.

Temperatura

Para converter graus Fahrenheit em Celsius, subtraia 32, multiplique por 5 e divida por 9.

Para converter graus Celsius em Fahrenheit, divida por 5, multiplique por 9 e adicione 32.

Fahrenheit (°F)	32	40	50	59	68	86	100
Celsius (°C)	0	4	10	15	20	30	38

Tamanhos de roupas

Eventualmente você poderá encontrar a indicação do tamanho de roupas com as abreviaturas inglesas **XS** (extrapequeno), **S** (pequeno), **M** (médio), **L** (grande) e **XL** (extragrande).

- **roupas femininas**
  países árabes 36 38 40 42 44 etc.

- **sutiã (o tamanho do bojo é o mesmo)**
  países árabes 70 75 80 85 90 etc.

- **tamanhos de colarinhos de camisas masculinas**
  países árabes 36 38 41 43 etc.
  Brasil   36 38 41 43 etc.

- **roupas masculinas**
  países árabes 40 42 44 46 48 50 etc.

- **calçados femininos**
  países árabes 37 38 39 40 42 etc.

- **calçados masculinos**
  países árabes 40 42 43 44 46 etc.

ENDEREÇOS ÚTEIS